영화, 그리고 언어

COLLABORATION
WITH **FILM & SEMIOTICS**

영화, 그리고 언어

초판인쇄 2018년 1월 20일 **초판발행** 2018년 1월 20일
지은이 이지양·윤신원·김택상·권단비·이하연·박휘원·강종모·이동욱·장연아·박준민·정현정·길수현·황예린
펴낸이 정대환 **펴낸곳** 제이디미디어 **출판신고** 제2004-000009호
주소 서울시 용산구 새창로 213-12 한강현대하이엘 1201호
전화 02-792-0842 **팩스** 02-792-0843 **전자우편** godesignjd@designjd.com **홈페이지** www.designjd.com

값 12,000원
ISBN 978-89-955417-3-9 93680

이 저서는 2017년 정부(교육부)의 재원으로 '대학인문역량강화사업(CORE)'의 지원을 받아 제작되었음.

영화, 그리고 언어

이지양·윤신원·김택상·권단비·이하연·박휘원·강종모
이동욱·장연아·박준민·정현정·길수현·황예린 지음

COLLABORATION
WITH **FILM & SEMIOTICS**

제이디 미디어

서문

대중매체는 신문, 방송, 인터넷 뿐만 아니라 영화, 음악, 만화, 광고 등 다양하다. 이들은 각각 고유한 영역을 차지하고 있는 만큼 각각이 가지는 제약도 특이하다. 언어는 이들 매체들이 가지는 제약 안에서 그 제약들에 적응하면서 운용되고 있다.

이 책에 실린 글들은 가톨릭대학교의 국어국문학전공 · 글로컬문화스토리텔링전공 학생들이 독창적인 시각으로 다양하게 제22회 부산국제영화제(BIFF)를 읽어낸 결과물이다. 그동안 익혀 왔던 국어학과 문화, 기호에 관한 모든 지식을 총동원하여, 영화 관련 언어를 연구 · 분석하는 데 그치지 않고 그 이론적인 배경까지 살펴봄과 동시에 언어 및 텍스트, 기호와 관련된 지식이 활용되는 사례들을 검증해 보았다.

이는 변화하는 사회에서 인문학과 여타 실용 학문과의 조화 · 발전을 추구하는 작은 노력이며, 인문학 제반의 혁신을 통해 학생들의 인문 역량을 강화하는 데에 한 걸음 나아간 성과라고 할 수 있다.

더 넓은 세계로 도약한 학생들에게 고마운 마음을 전하며, 이 책이 사회적 수요와 변화에 부응한 인문학 발전에 조금이나마 도움이 되기를 기대한다.

〈대중매체와 한국어〉 담당교수 이 지 양 · 윤 신 원

차례

"언어 문화" 담론 / 이지양　　　　　　　　　　　　　7

매체 언어와 매체 문식성 / 윤신원　　　　　　　　　　15

영화의 제목이 영화를 이끌어 나가는 방법에 대하여 / 김택상　　23

〈가와세 나오미〉 영화 속 삶과 죽음의 메타포 / 권단비, 이하연　41

다큐멘터리 영화의 반복적 구성을 통한 주제의 강조 / 박휘원　59

〈열등감〉의 영화 언어적 재해석 / 강종모　　　　　　67

'아름다운 별'의 커뮤니케이션 방식에 대한 기호학적 연구
/ 이동욱   95

애니메이션의 이해과정에서 언어적 표현과 비언어적 표현의 역할
/ 장연아   107

영화의 장르별로 형상화되는 등장인물의 성격 분석 / 박준민   143

부산국제영화제(BIFF)의 오프라인 마케팅과 온라인 마케팅 연구
/ 정현정   163

짧은 시간 속 기승전결을 담은 영화 예고편의 전략 / 길수현, 황예린   187

"언어 문화" 담론

이 지 양

1.

　"언어 문화"는 도대체 산뜻한 개념이 아니며, 단일한 개념도 아닌 듯하다. 밀접하게 관련되는 듯하면서도 별개인 '언어'와 '문화'를 얽어놓은 용어이어서, 이 용어를 사용하는 사람마다 해석이 다를 수 있다. 한편으로 언어는 "문화의 한 하위분야"로 해석되고, 다른 한편으로는 "언어 속에 녹아있는 문화"로 이해된다. 전자는 언어와 관련된 모든 문화를 대상으로 하는 문화학의 관점이며, 후자는 언어를 가르치면서 문화적 맥락의 중요성을 깨닫게 되는 언어교육적 관점이 반영된 해석이라고 할 수 있다.

　문화는 인간 행위의 결과와 관련되게 마련이므로, 언어 문화는 언어를 사용하는 행위와 주로 관련이 있고 언어 능력 자체는 별로 문화와 관련이 되지 않는 것으로 생각하기 쉽다. 물론 언어 문화 교육은 "언어를 문화에 맞게 적절하게 사용하게" 하는 데에 많은 관심을 가져야 하지만, 언어 능력에도 주의를 기울여야 한다. 일반적으로 언어 교육의 일차적인 목표라 할 수 있는 "정확한 언어 구사하기" 자체는 언어 사용보다는 언어 능력의 측면이 강하게 작용하므로 문화가 관련될 틈이 없어 보이고, 문화적인 측면에서의 교육을 하기에도 어려운 점이 많아 보인다. 얼핏 문법에 맞는 정확한 문장을 구사하는 일과 같은 언어내재적인 부문에서 문화가 관여하기는 버거워 보인다.

　그러나 이는 사실과는 다르다. 언어내재적인 요소들에도 해당 언어를

"언어 문화" 담론　7

사용하는 사람들의 문화가 잠재되어 있기 때문이다. 한 예로 "정확한 어휘, 정확한 표현"이라고 할 때 그 속에는 어휘나 표현들에 내재되어 있는 문화적 배경의 이해를 전제하고 있는 것이다.

2.

문화 요소나 문화 지식은 언어 표현을 이해하는 배경 지식으로 작용하기도 하고, '문화 요소를 가리키는 기호'로서 언어가 사용되기도 하기 때문에 문화 요소는 언어 교육을 위해 매우 유용하다. 역으로 생각하면, 언어 교육은 자동적으로 문화 교육을 수반하게 된다는 말이 되기도 한다.

이런 이유로, 우리는 가끔 언어 문화 교육을 통해서 언어도 교육하고 문화도 교육한다는 두 마리 토끼를 한번에 잡을 수 있다는 환상에 사로잡히게 되며, 때로는 그것이 성공한 것처럼 보이기도 한다. 하지만 언어와 문화를 통합하면서도 체계적인 교육 방법은 가능하지 않다. 언어 문화 교육은, 그것이 언어 교육의 한 부분으로 다루어질 때와 문화 교육의 한 부분으로 다루어질 때 전혀 다른 양상을 띠게 된다.

언어 교육의 일환으로 언어 문화 교육이 이루어질 때 문화 교육의 체계성은 담보되기 어렵다. 언어 교육의 과정에서 다루어지는 문화 교육은 문화 내용의 체계적 구성에 문제를 일으키게 된다. 언어 교육은 언어적 내용의 교육 과정을 우선해야 하기 때문이다. 언어 교육의 과정에 문화 교육도 체계적으로 이루어질 수 있다는 것은 환상이다.

반대의 경우는 더 불가능하다. 문화 교육을 통해 이루어지는 언어 교육은 지극히 단편적이어서 체계적인 언어 교육은 이루어질 수 없다. 언어 교육과 문화 교육, 이 둘은 관련이 강하지만 별개이기 때문이다.

지금까지 한국어 관련 교육에서 언어 문화 교육이 겪어 왔던 대부분의 혼란은 이 둘을 동시에 성공적으로 이루어 낼 수 있다는 착각에서 비롯된 것이다. 언어 문화 교육에서 언어적 목표와 문화적 목표는 그것이 서로 긴밀하게 연관되어야 하지만 각각의 특징을 보존할 수밖에 없기 때문이다. [1]

3.

언어 문화 교육이 성공을 거두기 위해서는 어느 한쪽이 중심이 되고, 다른 한쪽은 보조적인 수단이거나 부분적인 지위에 머무르거나 하는 방식이 효율적이다. 한국어 관련 교육의 경우는 당연히 언어 교육이 중심이고, 문화적 요소에 대한 교육은 보조적이 되어야 한다.

언어를 사용할 경우만이 아니라 언어를 이해하기 위해서도 문화의 이해가 수반되는 것이 효율적일 때가 많으므로 한국어 관련 교육에서 언어 문화 교육이 이루어지는 일은 바람직스럽다. 언어 교육에 더해서 문화 교육이 부수적이고 단편적이지만 자연스럽게 이루어질 수도 있다는 장점을 가지게 되는 점도 우리를 유혹하는 요인이다.

이런 의미에서 볼 때, 한국 문화 고유의 특수성을 잘 보여준다는 점 때문에, 문화 교육의 일환으로 흔히 다루어지는 전통 문화 요소는 한국어 교육의 측면만으로 볼 때는 일반적일 수 없는 부분이다. 전통 문화를 가르치는 일은 한국어 교육에는 직접적인 도움은 되지 않는다. 전통 문화 교육은 문화 교육의 일환으로 존재할 뿐이다.

---

1) Beacco J.-C.(2010), "언어교수/학습의 문화적 차원 - 지시과 능력의 관계 속에서", 「언어 간 의사소통과 문화교육」, 서강대학교 개교50주년 한국어교육원 개원 20주년 기념 국제학술대회 발표자료집, p.65.

이런 맥락에서 언어 교육의 과정에, 관련되는 문화 요소 항목들을 모두 포괄하겠다는 것은 지나친 욕심이다. 그동안의 연구들 가운데 가능한 한 많은 언어 관련 문화 요소를 탐색해 내고 이들을 모두 교육 과정에 반영하려는 노력들은 이제는 정리될 필요가 있는 부분들이다.

4.

언어는 문화와 무관하게 스스로의 체계를 가질 수도 있지만, 또 많은 경우에 언어는 문화와 관련된다. 언어에 문화가 관련되는 방식은 언어를 중심으로 볼 때 크게 두 가지로 나뉠 수 있다. 문화는 언어의 내적 구성에 포함되어 있기도 하고, 언어를 담고 있는 그릇이라 할 수 있는 언어 외적 구성과 깊게 관련되기도 한다.

이 경우의 언어 내적 구성은 어휘, 표현, 문법 형식, 문법 범주 등을 포함한다. 어휘 중에 은어, 속어, 색채어의 구성, 존칭어 등은 그 스스로 이미 문화와 깊게 연관되어 존재하는 어휘들이지만, 모든 어휘들이 문화와 직접적인 관계를 가지는 것은 아니다. 예를 들어, 채소 이름과 과일 이름들은 그 자체로는 문화와 큰 관련을 맺지 않는다. 다만 구체적인 인간의 활동과 관련되는 상황이 상정되어 이들 이름들이 사용될 때는 언어와 문화의 연관성이 증대될 수도 있다.

문법 형식들 가운데, 경어법과 관련되는 어미들이 문화와 깊게 관련되어 있다는 점은 이미 잘 알려진 사실이지만, 이들 외에도 각각의 언어들이 가지는 특징적인 문법 범주는 이미 문화적인 배경을 바탕에 가지고 있는 언어적 구성물이라고 할 수 있다.

1) 너희 집에 불났더라.
2) 이번에 우리 아들이 {a.일등이야 b.일등이더라}

    1)의 예는 문법적으로 정확한 것일 수는 있지만, 화용적으로는 성립되기 어려운 말이다. '더'가 "벌어진 사태에 대해 화자의 관심에서 거리가 있는" 경우에 사용되기 때문이다. 2)의 경우. a는 중립적인 서술인 반면, b는 "쑥스러워서 거리를 두는" 경우에 사용되는 서술이다. 문법 형식 '더'는 서법의 선어말어미로 이미 문화적인 배경을 담고 있다고 할 수 있다.

    언어 외적 구성은 언어에 내재해 있는 구성 요소들의 문제라기보다는 언어의 외형과 주로 관련된다. 언어의 외형은 언어가 담겨있는 그릇인 매체의 문제이기도 하고, 언어 구사에 수반되는 행위인 언어 예절일 수도 있으며, 언어를 사용하는 사람의 사회적 배경일 수도 있다. 언어 내적 구성과 비교해서 볼 때 언어 외적 구성은 사회문화적 성격을 띠기 쉽다. 언어 외적 구성의 외형을 이루고 있는 매체, 언어 수반 행위, 지역적 특색 등은 이미 문화적 요소를 내재하고 있는 부분들이기 때문이다. 그럼에도 불구하고, 한국어 관련 교육의 현장에서 이러한 언어 외적 구성에 해당되는 외형적 요인들을 담아내어 교수자들에게 체계적으로 교육시키라고 강요하는 것은 무리이다. (현장에서 많은 교수자들이 개인적으로, 또 단편적으로 이들과 관련된 내용들을 교육하고 있기는 하지만 교육 과정 안에서만으로는 그 이상의 체계화는 어렵다)

5.

한국어에 문화가 반영되어 있는 양상은 다양하며, 학습자들이 배우기에 난이도의 차이도 상당하다고 할 수 있다. 또한 학습자의 수준별, 목적별 구분에 따라 다루어져야 하는 문화의 내용도 상이할 수 있다. 모든 한국어 관련 교육에서 이렇게 다양한 문화 요소들을 효과적으로 반영하기는 지난(至難)한 일이지만, 각 학습자의 수준에 맞는 정도의 문화 요소를 추려내어 교재와 교과 과정 등에 적절하게 반영하는 일은 중요하다.

이를 위해 한국의 특정한 전통 문화 요소나 차원 높은 사고나 정서를 반영하는 문화 교육에 대한 강박관념은 필요하지 않다. 언어 문화 교육에 대한 강박관념은 언어 문화 교육을 오히려 어렵게 만드는 요인이 되어 왔다. 물론 학문적으로 언어 문화 교육에 대한 세부적이고 정밀한 연구를 부정하는 것은 아니며, 언어 문화 교육의 경우에만 해당되는 말이다.

비록 한국어 관련 교재나 교과 과정 중에 직접적으로 문화의 체계적 교육이 가능하지는 않다고 해도 문화를 텍스트에 담는 것은 중요한 일이며, 문화가 담겨 있는 텍스트와 그렇지 않은 텍스트가 가져오는 결과는 확연히 다를 것이다.[2]

---

2) 이 글은 이지양(2011), "언어 문화" 담론, 동북아시아문화학회 국제학술대회 발표자료집의 내용을 수정, 보완한 것이다.

참고문헌

김종록(1997), 한국언어문화론, 영한문화사.

이미혜(2004), 한국어와 한국 문화의 통합 교육 – 언어 교육과 문화 교육의 통합 양상을 고려한 교육 방안, 한국언어문화학 제1권 제1호, 국제한국언어문화학회.

이지양 (2011), "언어 문화" 담론, 동북아시아문화학회 국제학술대회 발표자료집.

조항록(2004), 한국언어문화와 한국어 교육, 한국언어문화학 제1권 제2호, 국제한국언어문화학회.

Beacco J.-C.(2010), "언어교수/학습의 문화적 차원 – 지시과 능력의 관계 속에서", 「언어 간 의사소통과 문화교육」, 서강대학교 개교50주년 한국어교육원 개원 20주년 기념 국제학술대회 발표 자료집.

매체 언어와 매체 문식성

윤 신 원

1. 매체 문식성(media literacy)

읽기 교육에서 전통적인 문식성(literacy)은 문자를 읽고 쓰는 능력을 의미한다. 그러나 기술과 매체[1]의 변화로 인해 각각의 매체가 가지고 있는 고유한 담화[2] 특성에 맞춰 텍스트[3]를 구성하는 기호[4]의 범위가 확대되고, 사회에서 요구하는 읽기 능력의 범위도 확장되면서 문식성에 대한 개념도 변화되었다[5].

1992년 애스펜 연구소는 매체 문식성(media literacy)을 "다양한 형태의 커뮤니케이션에 접근하고 분석하고 평가하고 생산하는 능력"이라고 정의하였다[6]. 즉 매체 문식성은, 다양한 매체를 수단으로 소통되는 텍스트를 읽고 쓰는 능력을 의미한다.

---

1) 매체(media)는 매개, 수단의 의미로 광범위하게 사용되고, 일상적으로는 기술 장치 매체라는 의미로 받아들여지고 있다. 이 밖에도 의사소통 모델에서 메시지를 전달하는 언어나 기호를 의미하는 경우, 불특정 다수를 대상으로 하는 사회적으로 제도화된 대중매체(massmedia)를 의미하는 경우, 문학이나 영화 등의 예술 형식이나 장르를 의미하는 경우 등 다양한 개념으로 사용된다. 김무규(2003), "매체와 형식의 역동성 관점에서 살펴본 상호매체성 개념", 독일언어문학 21, pp.346-359. 이 글은 일상적으로 사용되는 매체 개념에 기반하여 텍스트가 구현된 기술 장치에 따라 인쇄 매체, TV와 영화와 같은 영상 매체, 인터넷 매체 등으로 구분한다.

2) 담화(discourse)는 학자들에 따라 다양한 의미로 사용된다. 본고에서는 채트먼의 정의에 따라 담화를 내용(story)을 전달하는 모든 형식으로 정의한다. Chatman,S.(1978), 한용완 역(2006), 『Story and Discourse : 이야기와 담론』, 푸른사상, pp.22-23.

3) 텍스트(text)는 여러 가지 의미로 해석되지만, 이 글에서는 기호학에서의 개념을 따라 텍스트를 '기호들의 결합체'로 정의한다. Chandler,D.(2002), 강인규 역(2006), 『Semiotics for Beginners : 미디어 기호학』, 소명출판사, pp.29-30.

4) 학자들에 따라 기호를 언어와 구별하여 언어 외에 메시지를 전달하는 수단을 의미하는 용어로 사용하기도 하지만, 이 글에서의 기호는, 언어를 포함하여 의미를 전달하는 모든 표상을 의미한다.

5) 문식성의 개념은 사회적, 역사적, 문화적, 상황적 맥락에 따라 그 개념과 의미, 기능 등이 조금씩 다르게 나타나지만 '문자를 읽고 쓰는 능력'으로 규정되는 전통적인 문식성 개념은 모든 문식성 개념의 원형이 된다. 요즘 범람하고 있는 다양한 문식성 용어에 대해 그 기준과 범위, 위계 등에 대한 고민은 차후 연구 과제로 남긴다.

6) Sugaya,A., 안해룡·안미라 역(2001), 『Media Literacy : 미디어 리터러시』, 커뮤니케이션북스, p.8.

매체 텍스트는 각각의 매체 특성에 알맞은 언어·비언어 기호 체계로 다채롭게 구성되며, 이러한 매체 텍스트를 읽는 수용자는 다양한 기호로 구성된 텍스트의 의미를 종합적으로 탐색하고 해석하고 비판하는 태도와 능력을 갖춰야 한다. 또한 일반인들이 매체를 이용하여 쉽게 텍스트를 생산할 수 있게 됨으로써, 매체 특성에 적합한 다양한 기호를 상황과 맥락에 맞게 고려하여 매체 텍스트를 생산하는, 텍스트 생산자로서의 능력도 습득해야 한다.

2. 매체 언어 (media semiotics)

우리들이 생활 속에서 자주 접하는, 다양한 매체를 매개로 한 텍스트는 대부분 문자와 다양한 기호가 결합된 복합 양식(multimode)으로 구현된다. 다양한 기호로 구현된 복합 양식 텍스트를 이해하고 비판하는 방식은 문자라는 단일 양식(singlemode)의 텍스트 읽기 능력과는 분명히 다른 읽기 능력을 필요로 한다. 매체에 따라 텍스트의 의미를 구현하는 기호들은 각각의 매체의 특성에 가장 효과적인 방식으로 선택되기 때문이다.

예를 들어, 라디오와 같은 매체는 청각 기호를 중심으로 텍스트의 의미가 구성된다. 면대면 의사소통과 같은 구어체의 언어 기호뿐 아니라 음악, 음향 그리고 침묵(pause)등의 기호가 복합적으로 의미를 구성한다.

TV, 영화와 같은 영상 매체는 시청각 기호를 사용하여 텍스트를 구성한다. 구어와 문어의 언어 기호, 카메라의 눈으로 바라본 영상, 동작, 외양, 음악, 음향, 억양, 빛, 색, 편집 등 여러 기호를 사용한다.

요즘 우리들의 생활에 밀착된 스마트폰은 인터넷 매체를 기반으로 한다. 인터넷 매체는 영상 매체와 동일하게 시청각 기호를 사용하여 의미를 구성하지만, 그와 더불어 인터넷 매체의 특성인 실시간성, 하이퍼텍스트성, 양방향성, 시공간의 확장성, 수용자가 매체를 직접 조작하는 인터랙션 등이 기호에 영향을 미쳐 기존의 영상 매체와는 구분되는 의미 구성 전략을 보인다.

한편, 다양한 매체가 결합한 기호가 동시에 사용되기도 한다. 예를 들어 인쇄 매체 광고 텍스트에는 캡션(caption)[7]이 삽입되어, 매체가 갖고 있는 공간의 한계를 다른 매체로의 확장으로 극복한다. '에뛰드하우스' 인쇄 매체 광고 텍스트[8]를 보면, QR 코드 왼쪽에 'QR 코드를 스캔한 뒤 핸드폰을 산다라박 입술 위로 가져가 보세요./24가지 감정의 컬러를 확인하실 수 있습니다.' 라는 캡션이 있다. 인쇄 매체 광고 텍스트는 지면의 한계로 인해 24가지 립스틱 컬러를 다 보여줄 수 없을뿐더러, 다 보여준다 하더라도 정보의 과잉으로 광고의 효과가 감소할 수 있다. QR 코드를 활용하여 립스틱의 다양한 색에 대한 정보를 확인할 수 있는 다른 매체로 수용자를 연결시키고, 인쇄 매체 텍스트에는 QR 코드를 이용하는 방법만을 언어 기호로 제시하고 있다. '수신자 요금부담 전화번호, 에뛰드하우스 홈페이지 주소'도 광고 수용자가 인쇄 매체 광고 텍스트에서 부족한 추가 정보를 보충할 수 있는 방법을 알려 주는, 정보 전달의 기능을 하는 캡션에 해당한다.

인쇄 매체 광고 텍스트는 공간의 제약이 있는 대신 시간성에서는 매우 자유롭다. 인쇄 매체 광고 텍스트는 수용자가 텍스트와 접촉하는 시간을 자유롭게 조절할 수 있기 때문에 이와 같은 캡션을 통해 추가 정보

---

7) 캡션(caption)이란 광고 텍스트에서 사진이나 일러스트 밑에 붙인 설명을 말한다. 김동규(2003), 『카피라이팅론』, 나남, pp.422~425.
8) 2012년 봄 신제품 립스틱인 '디어마이립스톡'의 인쇄 매체 광고 텍스트, 에뛰드하우스 홈페이지 (www.etude.co.kr).

를 다양하게 제공할 수 있다. 이와 같은 캡션은 인터넷과 스마트폰을 활용하는 것이 일상적인 생활 문화가 된 젊은 연령의 수용자들을 염두에 두고 사용된 언어 기호이기도 하다.

또한 청각 매체인 라디오 방송을 인터넷 매체와 결합하여, '보이는 라디오', '수용자와의 대화 채팅' 등을 실시간으로 진행하는 것 등도 이에 해당한다.

따라서 매체 텍스트를 구성하는 언어 · 비언어 기호들을 분석하고 해석하는 작업은 해당 텍스트가 구현된 매체의 담화 방식을 이해하는 과정을 포함하게 되며, 이는 궁극적으로 매체 문식성을 신장시키는 하나의 방법이 될 수 있다.

3. 매체 문식성 함양 방안

토만(Thoman,E)은, 우리의 생활에 직접적인 영향을 주는 매체 환경에 초점을 두고, 수용자들이 매체의 부정적이고 일방적인 영향에서 벗어나 매체의 긍정적인 가능성을 지역 사회 안에서 실천적으로 모색하는 캠페인 성격을 지닌, 능력 배양(Responsive-Ability) 전략을 제시하고 있다[9]. 이 글에서는 이를 바탕으로 하여 매체 언어를 중심으로 한, 매체 문식성 함양을 위한 방안을 제시한다.

첫째, 각 매체의 특성뿐 아니라 매체별로 의미를 재현하는 나름의 담화 방식을 가지고 있다는 사실을 인지한다. 동일한 광고 텍스트라 하더라도 잡지 광고는 시각 중심의 기호를 사용하지만, 라디오 광고는 청각

---

9) Thoman,E.(1986), "Blueprint for Responsive-Ability", Media&Values 35, pp.12-14.

중심의 기호를, 영상 광고는 시청각 중심의 기호를 사용하여 텍스트를 구성한다. 이렇듯 해당 매체 특성과 그에 따른 매체별 언어·비언어 기호 특성을 간략하게 검토하는 것은, 본격적인 매체 텍스트 이해를 위해 반드시 필요한 과정이라 할 수 있다.

둘째, 매체 텍스트를 구성하는 언어·비언어 기호에 대한 표면적인 이해를 한다. 매체 텍스트의 내용을 구성하는 언어·비언어 기호에는 무엇이 있는지 파악하고 기호들이 나타내는 표면적인 의미를 읽어내는, 독서 과정에서의 사실적 이해 단계에 해당한다고 할 수 있다. 이를 통해 복합 양식 기호들을 다중처리(multitasking)하는 능력을 신장시키고, 매체 텍스트를 읽는 시각을 정교하게 확립하게 된다.

셋째, 분석한 언어·비언어 기호들로 구성된 매체 텍스트가 함의하고 있는 사회적, 문화적, 경제적, 정치적 요인들을 해석하고 숙고한다. 생산자가 텍스트에 사용하는 언어·비언어 기호는 표면에는 중립적인 의미를 가지고 있으나 내면에는 여러 의도와 기능을 포함하고 있다. 그러므로 우리가 텍스트에 표현된 기호의 의미를 제대로 이해하기 위해서는 텍스트가 사용된 상황이나 맥락 등을 파악[10]할 수 있어야, 매체 텍스트에 내재된 생산자의 의도를 올바르게 파악하고 매체 텍스트를 비판적으로 해석하여 수용할 수 있다.

넷째, 매체 텍스트와 관련된 실천적인 행동 전략을 수립한다. 매체 텍스트에 대한 정밀한 분석과 매체 텍스트가 함의하는 사회적 의미에 대한 비판적 이해는 우리들의 실제 생활양식, 태도 및 가치관을 변화시킬 수 있다.

이러한 과정은, 궁극적으로 우리들이 매체 텍스트의 복합적이고 다층

---

10) 이태영 외(2000), 『언어와 대중매체』, 신아출판사, pp.26-29.

적인 의미 작용에 대해 비판적·메타적으로 이해하고 그와 관련한 가치 판단을 올바르게 확립하는 데 도움을 줄 것이다.

4. 마무리

다양한 매체의 사용이 생활의 한 부분으로 자리잡은 현대 사회에서는 매체별로 각기 다른 담화 특성에 기반한 언어·비언어 기호들이 어떻게 사용되어, 어떠한 의미를 생성하게 되는가에 대한 이해가 중요하게 되었다.

생산자는 같은 내용이더라도 어떤 매체를 선택하고, 어떤 언어·비언어 기호를 사용하여 텍스트를 구성하느냐에 따라 각각 다른 의미를 함축한 텍스트를 생산한다. 그러나 수용자가 받아들일 때는 텍스트 내면에 함축된 의도를 파악하고 비판적으로 텍스트를 읽기보다는 텍스트의 표면적인 의미를 무비판적으로 자연스럽게 수용하게 된다[11]. 이러한 매체 텍스트의 특성은 학생들에게 매체 문식성을 신장시키는 목적의 교육이 반드시 이루어져야 함을 시사하고 있다.

대개 언어는 내용을 담는 그릇이라고 한다. 하지만 똑같은 내용이라도 상황과 의도에 따라 가장 적합한 그릇을 선택하게 되고, 어떤 그릇에 담느냐에 따라 그 의미는 조금씩 달라지게 된다. 그러므로 매체를 통해 구현되는 매체 텍스트의 언어·비언어 기호의 특성을 파악하고 정밀하

---

11) 이러한 경향은 문자 기호로만 이루어진 전통적인 책보다는 다채로운 색과 편집이 가미된 영상, 음악, 빛 등의 다양한 기호가 언어 기호와 어우러진 매체 텍스트에서 더 강하게 나타난다.

게 분석하는 작업은, 궁극적으로 대학생들이 매체와 언어의 의미 작용에 대해 비판적 · 메타적으로 이해하고 그와 관련한 가치 판단을 올바르게 확립하는 매체 문식성 함양에 도움을 줄 것이다.[12]

---

12) 이 글은 윤신원, '별 볼 일 있는 강의 – 한국어와 대중문화', 가톨릭대학보(2015.06.04.)와 윤신원(2015), "대학생의 매체 문식성 함양 방안 연구", 텍스트언어학 38의 내용을 상호 축약하여 한편의 글로 완성하였음.

참고자료

김동규(2003), 『카피라이팅론』, 나남.

김무규(2003), "매체와 형식의 역동성 관점에서 살펴본 상호매체성 개념", 독일언어문학 21.

노명완 외(2008), 『문식성 교육 연구』, 한국문화사.

윤신원(2015a), "대학생의 매체 문식성 함양 방안 연구", 텍스트언어학 38.

윤신원(2015b), "매체 담화 특성에 따른 독서 행위 비교 연구", 인문콘텐츠 38.

윤신원(2017), "대학-지역 연계 프로그램의 매체별 홍보 텍스트 분석", 『당신의 지역 콘텐츠를 기획하라』, 제이디미디어.

이태영 외(2000), 『언어와 대중매체』, 신아출판사.

Chandler,D.(2002), 강인규 역(2006), 『Semiotics for Beginners: 미디어 기호학』, 소명.

Chatman,S.(1978), 한용환 역(2006), 『Story and Discourse: 이야기와 담론』, 푸른사상.

Silverblatt,J.&Ferry,J.&Finan,B.(1999), 송일준 역(2004), 『Approach to Media Literacy: 미디어 리터러시 접근법』, 차송.

Sugaya,A., 안해룡 · 안미라 역(2001), 『Media Literacy: 미디어 리터러시』, 커뮤니케이션북스.

Thoman,E.(1986), "Blueprint for Responsive-Ability", Media&Values 35.

윤신원, '별 볼 일 있는 강의 - 「한국어와 대중문화」', 〈가톨릭대학보〉, (2015.06.04.)

에뛰드하우스 홈페이지 www.etude.co.kr

영화의 제목이 영화를 이끌어 나가는 방법에 대하여

– '나라타주'와 '너의 췌장을 먹고 싶어'를 중심으로

김 택 상

1. 서론

우리가 영화를 고를 때 가장 먼저 접하게 되는 정보는 바로 영화의 제목이다. 영화의 제목이 대중들의 관심을 얼마나 불러일으키느냐가 영화의 흥행을 결정짓기도 한다. 영화의 제목은 영화의 소재를 나타내기도, 주제를 나타내기도 하고, 캐릭터의 이름이 영화의 제목인 경우도 있다.[1] 영화의 제목은 이처럼 영화를 처음 선택할 때에 관객에게 영화의 이미지를 어필할 수 있는 하나의 중요한 요인이다. 제목은 관객과 영화가 가장 처음 하는 의사소통이고 관객에게 기대감과 호기심을 선사한다. 우리는 제목을 보고 스토리의 전개 방향을 짐작하면서 기대감을 갖기도 하고, 스토리의 전개 방향을 전혀 예측할 수 없는 제목에서 호기심을 갖고 영화를 보게 되기도 한다. 뿐만 아니라 영화의 제목은 영화를 모두 관람하고 난 이후에 관객에게 생각의 여지를 주거나 여운을 남기는 역할을 하기도 한다. 영화의 전개와 표현이 제목 안에서 한 단어, 한 문장으로 표현된 것을 보고 관객들은 영화의 주제에 대해 다시금 떠올리고 캐릭터들이 전하는 감정에 더욱 몰입하여 여운을 즐기게 된다.

---

[1] 박영복 · 최인화, 제목으로 영화 읽기, 현암사, 1997, pp.28–55.

2017년 제 22회 부산국제영화제의 많은 영화들은 영화의 소재와 주제를 제목을 통해 관객들에게 전달하고 있다. 다양한 국가의 한국어로 번역한 제목들은 처음 접하는 영화들의 내용이 어떻게 전개되는지에 대한 방향을 예측할 수 있게 해준다. 몇몇의 영화들은 특이한 제목을 통해 독자들에게 영화에 대한 호기심을 가지게 만들고 있다.

이 글은 제 22회 부산국제영화제에 상영된 일본 로맨스영화 '나라타주' 와 '너의 췌장을 먹고 싶어' 를 통해 영화의 제목이 영화의 전반적인 감정선을 이끌어 나가는 방법을 분석하여 관객들에게 호기심을 불러일으키는 과정을 살펴보고자 한다.

2. 본론

1) 영화의 표현기법을 통한 제목 – '나라타주'

나라타주(Narratage)라는 용어는 내레이션(narration)과 몽타주(montage)의 합성어이다. 내레이션이란 영화, 방송극, 연극 따위에서, 장면에 나타나지 않으면서 장면의 진행에 따라 그 내용이나 줄거리를 장외에서 해설하는 일 또는 그런 해설을 말한다.[2] 몽타주란 영화나 사진 편집 구성의 한 방법, 따로따로 촬영한 화면을 적절하게 떼어 붙여서 하나의 긴밀하고도 새로운 장면이나 내용으로 만드는 일, 또는 그렇게 만든 화면, 단편적인 장면을 예술적으로 구성하는 방법을 말한다.[3]

---

2) 내레이션(narration), 네이버 영화사전,
   http://terms.naver.com/entry.nhn?docId=348873&cid=42617&categoryId=42617
3) 몽타주(montage), 네이버 영화사전,
   http://terms.naver.com/entry.nhn?docId=349222&cid=42617&categoryId=42617

이러한 두 기법이 합쳐지면서 나라타주는 새로운 의미를 갖게 된다. 나라타주는 주로 드라마에 사용되며 줄거리가 진행되는 도중에 과거를 회상하는 형식의 장면을 일컫는다.[4] 과거에 일어났던 사건과 내레이션이 함께 나타나고, 그러한 장면이 현재의 사건과 긴밀한 연관성을 부여하여 현재의 장면만으로는 나타날 수 없는 감정을 만들어낸다. 소설 '나라타주'의 작가 시마모토 리오와 영화 '나라타주'의 감독 유키사다 이사오는 영화 안에서 캐릭터들의 감정을 현실적이고 상세하기 표현하기 위해 나라타주 기법을 사용한다.

영화 '나라타주'는 고등학교 교사인 하야마와 그의 제자였던 이즈미가 서로에게 끌림을 느끼고, 이즈미가 성인이 된 후에 다시 하야마가 재회하게 되면서 서로에게 마음이 더 깊어지면서 느끼는 갈등과 혼란을 그려낸 영화이다. '나라타주'에 등장하는 세 명의 캐릭터는 사랑을 마주한 남녀의 현실을 오롯이 보여주고 있다.

① 인물

남자 주인공으로 등장하는 하야마는 아즈미의 고등학교 시절 선생님이다. 하야마는 아내가 있지만 정신병에 걸려 그의 집 창고에 불을 지를 정도로 정신상태가 불안정하다. 아내가 그의 창고에 불을 질렀을 때 하야마가 현장에 도착하고, 아내는 그의 어머니가 있는 집에 불을 지르는 것을 저지당한다. 그는 아내의 정신 불안으로 어머니가 죽을 뻔 했다는 사실에 큰 충격을 받는다. 가장 믿고 의지해야 하는 가족에게서부터 생겨난 불안감은 하야마를 힘들게 했다.

이런 그에게 힘이 되어준 사람이 바로 아즈미였다. 자신이 가장 근본

---

4) 나라타주(Narratage), 네이버 드라마사전,
   http://terms.naver.com/entry.nhn?docId=389927&cid=42612&categoryId=42612

적으로 소속되어 있는 가족에게서 오는 불안감은 그를 위태롭게 만들기 충분했고, 그러한 상황에서 자신에게 무한한 사랑과 믿음을 주는 아즈미에게 해서는 안 될 생각을 하게 된다.

하지만 하야마가 사랑 앞에 보여주는 모습은 무력함이다. 자신을 믿고 사랑해 주는 아즈미에게 "넌 나의 구원이었어."라는 표현을 할 정도로 의지하고 있지만 결국에는 자신이 처한 현실을 이겨내지 못하는 무력한 모습을 보여준다. 심지어 자신이 처한 현실을 회피하기 위해 아즈미에게 자신의 상황을 제대로 밝히지 않으면서 아즈미의 감정에 혼란을 주기도 한다.

아즈미가 하야마를 처음 만난 시점에서 하야마는 학생인 아즈미가 가장 믿고 의지할 수 있는 캐릭터로 등장하지만, 그와 아즈미가 다시 만났을 때에 그의 모습은 예전에 아즈미가 보던 그의 모습이 아니다. 그러나 아즈미는 그런 그마저도 사랑하고, 그의 힘이 될 수 있기를 바란다.

'나라타주'에는 오노라는 또 다른 남자 주인공이 등장한다. 오노는 아즈미가 하야마를 잊기 위해 연인사이로 발전한 남자이다. 하야마와 아즈미의 사이에 오노가 등장할 때, 오노는 하야마에게 상처받은 아즈미를 위로하는 역할을 하는 것처럼 보인다. 하지만 오노는 시간이 지나면서 순수하게 사랑하는 마음을 가지고 있던 본연의 모습을 잃어버리고 하야마에게 상처받은 아즈미에게 사랑을 갈구한다. 하야마를 비교대상으로 두고 자신이 더 사랑받기를, 아즈미가 본인에게 더 의지하기를 바라고 그러한 욕망은 폭력성으로 표현이 된다.

오노의 폭력성이 발현되면서 오노라는 캐릭터는 애매한 관계였던 하야마와 아즈미의 유대를 강화하는 역할을 하게 된다. 모든 것이 애매했던 하야마와 아즈미 사이의 결속을 단단하게 만들어주는 역할을 하는 사

람은 역설적이게도 아즈미에게 하야마를 잊게 만들어주려고 했던 오노였다.[5]

아즈미는 자신을 사랑해주는 남자와 자신이 사랑했던, 그리고 지금도 사랑하고 있는 남자 사이에서 갈등하며 두 남자 모두에게 혼란을 준다. 유부남인 하야마에게 계속해서 사랑을 갈구하는 모습을 보이면서도, 동시에 오노와 연인 사이로 발전한다. '나라타주'의 예고편에는 "무너질 정도로 당신을 사랑했습니다."라는 아즈미의 내레이션이 나온다. 이 대사는 아즈미의 캐릭터를 한눈에 보여준다.

영화의 등장인물들이 현실적이고 어설픈 모습을 보여준다. 현실에 대한 도피를 위해 이기적인 선택을 한 하야마, 자신이 사랑하는 남자와 자신을 사랑하는 남자 사이에서 갈팡질팡하고 있는 아즈미, 사랑하는 사람으로부터 자신의 존재를 계속해서 확인받으려고 하는 오노의 모습은 우리가 사랑을 할 때 보일 수 있는 이상적이지 못한 태도의 전형을 보여주고 있다. '나타타주'의 감독은 영화의 전체적인 주제를 효과적으로 보여주기 위해 각 인물들의 캐릭터를 설정하고 있다.

② 구조

영화는 아즈미를 중심으로 전개된다. 영화에 등장하는 3개의 시점에서 모두 중요하게 등장하는 유일한 인물이 바로 아즈미이다. 영화에는 아즈미를 중심으로 하야마와 처음 만난 고교시절, 하야마와 다시 만난 대학생시절, 그리고 현재의 비가 오는 날 하야마를 사랑했던 자신의 모습을 회상하는 시점으로 3개의 시점이 등장한다.

소설 '나라타주'에서는 모든 사건을 아즈미의 입장에서 서술하고 있

---

5) 차지수, 22회 BIFF | 〈나라타주〉의 순정이 아름다운 이유 7, 〈맥스무비〉,
   (2017.10.13.), http://news.maxmovie.com/345052

다. 장면 묘사와 심리 묘사가 이루어지는 글의 전개 대부분이 아즈미가 과거를 회상하면서 독백을 하는 1인칭 형식으로 과거를 회상한다. 즉, 텍스트가 장면과 상황을 설명하고 있기 때문에 아즈미의 입장에서 나라타주의 기법이 사용되고 있는 것이다.

하지만 영화에서는 3인칭의 시점으로 영화가 진행되기 때문에 아즈미의 독백이 장면을 설명하지 못한다. 때문에 영화의 주요한 장면에 등장하는 아즈미의 내레이션은 영화의 전반적인 감정과 주제를 보여준다. 예를 들어 영화의 첫 장면에서 아즈미는 비가 오는 날 회중시계를 보며 과거를 회상하면서 시점은 과거로 돌아간다. "지금도, 나는 비가 올 때마다 낭신을 생긱힙니다."라는 아즈미의 대사와 함께 아즈미가 회사에 다니는 현재의 시점에서 하야마와 아즈미가 재회한 시점으로의 변화가 이루어진다.

〈그림1〉 아즈미 시점의 나라타주기법을 통한 사건 전개

나라타주 기법의 사용은 영화의 시점 변화를 나타내기도 하고 인물 감정의 당위성을 부여하기도 한다. 〈그림1〉을 보면 현재에서 과거로 넘어갈 때 단순히 장면만 전환되는 것이 아니라 아즈미의 내레이션이 함께 사용되면서 영화를 보는 관객들이 아즈미의 입장에 몰입하게 만들고 있음을 알 수 있다.

이러한 시점의 변화 이후에 대부분의 장면들은 〈그림1〉의 과거의 시점에서 진행이 된다. 〈그림1〉의 과거 시점에서 사건이 진행될 때 아즈미의 선택과 감정들은 비윤리적이어서 관객들에게 반감을 살 수도 있다. 이러한 감정에 관객들이 더욱 몰입할 수 있도록 영화에서는 한 번 더 시점 변화가 이루어진다. "무너질 정도로 당신을 사랑했습니다."라는 내레이션과 "고독했던 나에게 있을 곳을 마련해준 사람."이라는 내레이션을 통해 더 이전의 과거로의 시점으로 변화하고 그 시점에서의 아즈미의 감정이 생겨나게 된 원인에 대한 묘사를 통해 과거의 선택은 어린 날의 시행착오, 인간의 본성으로 설명된다. 그리고 관객들은 자신의 윤리관을 잠시 내려놓고 아즈미의 본성과 감정에 집중하게 만든다. 과거에서 다시 더 오래전의 과거로 시점이 변화하면서 아즈미가 처한 상황과 현실을 더 자세히 보여준다. 이를 통해서 관객들은 과거의 시점에서 보여졌던 아즈미의 선택과 감정들에 공감할 수 있게 된다. 현실적인 사랑과 이상적인 사랑 사이에서 갈등하는 아즈미의 모습은 반감을 사기도 하고 구차해 보이기도 하지만, 사랑이라는 감정의 현실적인 모습과, 재고 따지는 것 없이 오로지 사랑에만 몰두하는 애틋함을 전달한다.

이와 같이 우리가 구차하다고 느끼고, 반감을 가질 수 있는 세 명의 주인공의 이야기를 아름다운 추억으로 만들어주는 기법이 바로 '나라타주'이다. 아즈미가 느꼈던 사랑에 대한 솔직한 감정을 내레이션으로 솔직하게 언급하는 방식을 통해 아즈미의 과거는 어린 날의 첫사랑에 대한 추억으로 순화된다. 어느 것 하나도 선택하지 못했던 아즈미의 모습, 무기력함 앞에서 회피를 위해 사랑을 선택한 하야마의 모습, 계속해서 사랑하는 사람에게 사랑을 확인받고 싶어 하는 오노의 모습은 영화의 가장 초반에 등장했던 아즈미의 내레이션을 통한 전개로 모두 과거의 일로 치부되면서 첫사랑의 아픈 추억으로 여겨지게 된다.

아즈미의 내레이션이 '-한다.' 라는 현재형이 아닌 '-했다.' 라는 과거형의 내레이션으로 나타나는 것은, 과거와 현재를 연결하면서 아련하고 쓸쓸한 첫사랑 이야기로 관객에게 전달되게 하는 언어적 요소가 된다.

〈표1〉 영화 '나라타주'에서 나라타주 기법의 효과

나라타주(Narratage)		
기법	내레이션(narration)	몽타주(montage)
효과	아즈미의 과거의 감정을 현재의 시점에서 풀어나가면서 첫사랑의 감정을 추억하게 만드는 효과를 준다.	3개의 시점을 오가며 짜여진 장면의 총체는 극 초반에 과거를 회상하는 아즈미의 감정에 당위성을 부여한다.

〈표1〉과 같이 나라타주 기법의 효과는 특정한 감정을 떠올리고 그 감정의 이유와 근거를 제시해주면서, 감정에 당위성을 부여한다. 앞에서 언급했던 것처럼 영화에 가장 처음 등장하는 내레이션은 등장인물이 과거의 첫사랑을 추억하고 있다는 사실을 직관적으로 알려준다. "지금도, 나는 비가 올 때마다 당신을 생각합니다."라는 문장에 '지금도'라는 현재형 부사가 붙으면서 영화의 초반에 아즈미가 가지고 있는 감정의 크기를 미리 제시하면서 뒤에 나오는 장면들에서 아즈미가 하는 행동이 어떤 이유에서 나오고 어떤 감정들이 실려 있는지를 관객의 무의식에 심어 놓게 된다.

이러한 내레이션은 과거와 그보다 더 이전의 상황들이 시간 순서대로가 아니라, 감정의 흐름과 당위성에 따라 배치되어 있는 장면들을 몽타주 기법과 함께 하나의 총체적인 흐름 안에서 영화의 주제의식을 보여주는 '나라타주 기법'을 만들어낸다. 다양한 시간들이 교차적으로 나타나는 영화 안의 흐름을 하나의 감정으로 묶어내는 과정에서 나라타주 기법이 사용되면서 관객들이 공감을 더욱 증폭시킨다.

유키사다 이사오 감독은 인터뷰에서 "일본의 러브스토리들은 대체로 해피엔딩이거나 예측 가능한 결말을 보여주는 경향이 있습니다. '나라타주'는 이와 달리 사실적인 연애 감정을 보여줍니다. 연애를 처음 시작할 땐 누구나 행복하겠죠. 하지만 점점 다른 감정이 생겨나기 시작하고, 저는 위기를 극복해가는 과정이 연애라고 생각했습니다. 그 과정에서 겪는 생생한 감정들을 중점적으로 표현하고 싶었습니다." 라고 말했다.[6]

아즈미와 하야마, 오노의 캐릭터들은 연애를 하거나 사랑을 할 때에 누구나 느낄 수 있는 감정들을 그려낸다. 이러한 현실적인 감정을 더욱 현실적으로 느껴지게 하기 위해서 나라타주 기법을 사용한 것이다.[7] 현실은 감독이 자신의 의도대로 재구성할 수 있는 요소들로 분해되고 분해된 요소들은 서로 상호 관계를 통해 의미를 획득하게 된다. 유키사다 이사오 감독은 현실을 과거라는 시간적 요소와 감정적인 요소로 분해한 후에 시간적인 요소와 감정적인 요소의 상호 관계를 통해 아즈미의 첫사랑은 아름다운 추억이 되도록 만들었다.

③ 제목

아즈미의 내레이션과 장면이 전환되는 나라타주 기법을 통해 감독이 말하고자한 가장 현실적이고 사실적인 감정을 함축적으로 전달하는 장면표현 기법을 제목으로 내세운다. 대부분의 영화들은 영화를 다 보고

---

6) 차지수, 22회 BIFF | 〈나라타주〉의 순정이 아름다운 이유 7, 〈맥스무비〉, (2017.10.13.),
   http://news.maxmovie.com/345052
7) 김진욱, 영화에 있어 몽타주 이론의 서로 다른 분석, 프랑스문화예술연구 32, 2010, p.518.

나서 재음미할 때 비로소 주제가 파악이 되는 경우가 많다.[8] 영화 '나라타주' 는 제목은 영화를 다시 볼 때 영화를 재음미하는 방식을 제안해주는 역할을 한다. 관객들은 뒤죽박죽 섞여있는 여러 시점의 장면들을 나라타주 기법을 통해 감정의 흐름 순으로 재배열하고 감정의 당위성에 따라 배치하면서 관객들은 그 감정에 대해 공감하고, 캐릭터를 이해하게 된다. 또한 '나라타주' 라는 제목을 통해 첫사랑을 떠올리며 추억하는 아즈미에 자신의 모습을 대입하게 된다.

2) 중의적인 돌려 말하기 기법이 사용된 제목
- '너의 췌장을 먹고 싶어' 라는 문장이 가진 두 가지 의미

동일한 제목의 소설을 원작으로 한 '너의 췌장을 먹고 싶어' 는 2017년 부산국제영화제 이후 10월 25일 개봉을 앞두고 있는 영화였다. '너의 췌장을 먹고 싶어' 라는 섬뜩하고 기괴한 느낌을 주는 제목 때문에 영화의 기대평에는 부정적인 이야기들만 가득했다. 하지만 영화를 관람한 관객들은 "너의 췌장을 먹고 싶어."라는 문장의 숨어있는 의미를 알게 되고, 문장에 담긴 은유적인 의미를 느낄 수 있었다.

이런 중의적인 문장이 제목으로 사용됐을 때, 관객들은 영화를 보지 않으면 제목의 의미를 이해하기 어렵다. 때문에 이러한 은유적인 제목을 사용한 경우에는 영화의 도입부나 내용 중에 은유에 담긴 뜻을 정의 내려주거나 부연설명을 해준다.[9]

'너의 췌장을 먹고 싶어' 의 감독 츠키카와 쇼 역시 원작 소설을 처음

---

8) 박영복 · 최인화, 제목으로 영화 읽기, 현암사, 1997, p.28.
9) 박영복 · 최인화, 제목으로 영화 읽기, 현암사, 1997, p.88.

접했을 때 당황을 감추지 못했다고 한다. 제목을 보면서 '뭐 이런 소설이 있나' 하고 생각했지만 "너의 췌장을 먹고 싶어."라는 문장이 일본 문학의 주요한 특징 중 하나인 '직접적으로 표현하지 않고 에둘러 이야기하는 표현법'을 매우 잘 나타내고 있는 문장이라고 말했다.[10)]

① 인물

영화 '너의 췌장이 먹고 싶어'는 두 명의 인물을 중심으로 이야기가 전개된다. 학교에서 가장 조용하고 누구와도 어울리지 않는 남자 주인공 '시가'가 학급에서 가장 인기 있고 동경의 대상인 여자 주인공 '사쿠라'의 비밀을 알게 된 것을 시작으로 사건이 전개된다.

사쿠라는 췌장에 병이 생겨 죽음을 앞두고 있지만 이러한 사실을 가족 이외의 다른 사람에게 알리지 않는다. 영화의 초반부터 사쿠라가 죽음을 맞이할 것임을 관객들에게 공공연하게 알리고 시작하지만 사쿠라는 너무나 밝은 모습을 보인다. 이러한 모습은 캐릭터의 이름에서도 찾아볼 수 있다. 여자주인공의 이름인 '사쿠라'는 '벚꽃'이라는 의미를 갖고 있다. 일본에서는 벚꽃이 만개했을 때는 너무 아름답지만 벚꽃이 만개해 있는 기간은 짧고, 떨어져 흩날리는 벚꽃이 최후를 맞이하는 무사들의 모습이 닮았다고 하여 죽음을 벚꽃과 결부시킨 사생관이 깊이 침투해 있다고 한다.[11)] 이러한 상징성을 가진 '사쿠라'라는 이름을 여자 주인공에게 붙임으로써 죽음을 앞둔 모습의 상징성을 표현하고 있다.

남자 주인공인 시가는 다른 사람과 절대 어울리지 않고 책만 있으면 살아갈 수 있었지만, 사쿠라의 비밀을 알게 된 이후부터 점차 변화하는 모습을 보여준다. 학급의 친구들과도 전혀 어울리지 않고 말도 섞지 않

---

10) [인터뷰] 거부할 수 없는 고백 '너의 췌장을 먹고 싶어' 하마베 미나미, 《중앙일보》, (2017.10.26).
11) 남이숙, 일본 고전 시가에 나타난 벚꽃 표현의 양상, 동아시아고대학, 33, 2014, p.242.

아 음침하다는 소리까지 들으며 오로지 혼자 살아가던 시가에게 사쿠라는 다른 사람과 함께 살아가는 법을 알려주는 존재이다.

사쿠라가 죽음을 맞이하는 이유가 되는 췌장은 소화와 흡수의 기능을 담당하고 있어서 췌장에 문제가 생기면 소화를 하지 못해 재생과 성장이 불가능하다.[12] 사쿠라는 비록 췌장에 문제가 있어 영양소를 제대로 흡수하지 못하고 있는 상황이지만 주변 사람들을 끌어들이는 흡인력을 가지고 있다. 반대로 시가는 사쿠라보다 건강한 췌장을 갖고 있지만 사람을 흡수하는 흡인력은 가지고 있지 못한다.

하지만 시가는 사쿠라가 갖지 못한 침착함을 가지고 있다. 사쿠라의 죽음을 알게 됐을 때 함부로 사쿠라를 위로하려 들지 않고 동정의 시선으로 사쿠라를 바라보지 않으며 "당사자가 슬퍼하지 않는데 내가 우울해하고 슬퍼한다면 그건 실례일 거야."라고 말한다. 이렇게 서로에게 없는 모습을 가지고 있는 두 캐릭터는 영화가 전개되면서 서로에게 없었던 부분을 서로를 통해 채워나간다.

② 호칭과 화법

사쿠라와 시가는 서로를 이름이 아닌 별칭으로 표현한다. 둘 사이에서 서로를 혹은 자기 자신을 '비밀을 알고 있는 클래스메이트', '사이좋은 친구', '반에서 3번째로 예쁜 여자애' 등으로 본인들을 표현한다. 특히 남자 주인공의 이름 시가는 영화의 후반부가 돼서야 등장하면서 이름과 별칭을 통해 서로의 사이가 점점 가까워지고 더 많은 일을 함께 나누게 됨을 보여준다. "넌 왜 나를 이름으로 불러주지 않아?"라는 사쿠라의 이러한 의문에는 사쿠라가 시가와 가까워졌다고 생각하는 사고를 엿볼

---

12) 췌장(이자), 네이버 의학사전,
　　http://terms.naver.com/entry.nhn?docId=938606&mobile&cid=51006&categoryId=51006

수 있다. 이름과 호칭이 그들의 친밀도와 정서적인 교감의 정도를 나타내고 있는 것이다.

결국 사쿠라는 시가와 그의 이름을 부르는 사이가 됐지만 사귀는 것은 아니며, 해서는 안 될 행동을 하지만 여자친구는 아니라고 말한다. 또한 시가가 사쿠라의 스토커라는 소문에 시달릴 때는 친한 사이가 아니라고 말하고, 시가와 여행을 떠나려고 할 때는 친구도 아니고 연인도 아니라고 말한다.

사쿠라의 이러한 화법은 누군가와 관계를 맺기를 두려워하는 시가의 마음에 부담을 주지 않으려는 배려 깊은 표현이다.[13] 누군가와 관계를 맺는 것보다 책 읽는 것을 좋아하는 시가에게 다른 사람과 어울리는 방법을 알려주는 과정에 있어서 사쿠라는 시가의 입장과 시가가 원래 가지고 있던 가치관을 충분히 존중하고 있다.

"열심히 찾아서 발견하면 기쁘잖아. 보물찾기처럼"이라는 사쿠라의 대사는 이 영화를 관통하는 생각이다. 관객들이 영화의 제목, 캐릭터, 호칭, 대사 등을 통해 숨겨진 무엇인가를 찾아나가고 발견해나가는 과정 안에서 깨닫는 감정들은, 친구도 아니고 연인도 아닌 사쿠라와 시가 사이의 순수한 감정과 동일하다. 사쿠라가 소설 '어린 왕자'에 나왔던 '정말 중요한 것은 눈에 안보여'라는 문장을 시가에게 말할 때 관객들은 영화를 어떤 관점으로 바라봐야하는지 다시 생각하게 된다. 단순히 학창시절 있었던 사랑 이야기가 아닌, 사람과 사람 사이의 관계, 삶과 죽음 사이에서 우리가 가져야할 태도 등에 대해 숨겨진 의미를 찾아내면서 '너의 췌장을 먹고 싶어'라는 제목의 의미도 발견해 나간다.

---

13) [서곡숙의 시네마 크리티크] 〈너의 췌장을 먹고 싶어〉 — 일본 청춘성장영화, 진실과 도전을 통한 소통과 치유, 〈르몽드코리아〉, (2017.10.24.).

③ 제목

'혼네 타테마에'는 일본 콘텐츠에서 나타나는 일본 문화의 대표적인 특성이다. '타테마에'와 '혼네'는 일본인들의 생활 문화 속에 뿌리 깊게 존재하고 있는 습성 혹은 인식과 표현의 문제에 있어서 대표적인 가치관이라고 할 수 있다.

사전을 살펴보면 '타테마에[たてまえ(立前, 建前)]'는 행상이나 장사꾼들이 물건을 팔 때의 말투나 화법, 혹은 말의 의미와 더불어 표면상의 방침이라는 의미를 갖고 있는 단어이다. 혼네[ほんね(本音)]는 원래의 음색이라는 뜻과 더불어 본심에서 나온 말, 타테마에를 뺀 원래의 기분이라고 명시되어 있다. 타테마에는 겉모습이라는 뜻으로 통용되고, 혼네는 본심으로 통용되면서 이 두 용어는 일본 사회에서 오랜 기간동안 사용되어 온 하나의 문화적인 기호적 코드로 작용하는 암시적 체계의 표상이라고도 할 수 있다.

타테마에로 표현되는 일본인들의 화법에는 혼네라는 본심이 숨겨져 있다.[14] 일본의 애니메이션, 문학 등 다양한 분야에서 혼네와 타테마에가 사용된다. 언어, 행동, 표정 등 외적인 방법으로 표현되는 타테마에 속에 숨겨져 있는 마음, 본심 등의 정신적 내적 세계를 포괄하는 혼네를 찾아가는 과정이 주제를 파악하고 가치관을 이해하는 데에 주요한 부분을 차지하고 있다.

영화 '너의 췌장을 먹고 싶어'의 제목에도 혼네와 타테마에가 사용됐다. '너의 췌장을 먹고 싶어'라는 문장은 겉으로 봐서는 기괴한 표현일지는 몰라도 그 제목에 담긴 혼네를 파악하게 된다면 영화를 모두 이해했다고 봐도 무방할 정도로 이 영화에서는 제목의 혼네를 찾아가는 과정

---

14) 오동일 · 김도형, 일본 애니메이션의 미학적 배경에 관한 연구, 애니메이션연구 5-2, 2009, p.41.

이 중요하다.

'너의 췌장을 먹고 싶어' 라는 제목에는 두 가지의 혼네를 가지고 있다. 영화의 초반에 '너의 췌장을 먹고 싶어' 라는 말은 카니발리즘적 성격을 띄고 있다. 카니발리즘(cannibalism)이란 인간이 인육을 상징적 식품 또는 상식으로 먹는 풍습을 말한다.[15] 영화 초반에 사쿠라가 시가에게 "너의 췌장을 먹고 싶어."라는 말을 했을 때 사쿠라는 다른 사람의 신체 중에 자신이 아픈 부분에 해당하는 부위를 먹게 되면 자신의 병이 낫는다고 믿는 아프리카 부족의 전통에 대한 설명을 덧붙인다. 시가와 아직 친해지지 않은 상태에서 항상 밝고 씩씩한 모습만 보여왔던 사쿠라가 시가에게 했던 "너의 췌장을 먹고 싶어"라는 말은 "나는 너무나도 살고 싶어"라는 의미를 가지고 있다.

줄곧 밝은 모습만을 보여 온 사쿠라의 이러한 대사는 자칫 죽음에 초연한 것처럼 보일 수 있는 사쿠라의 성격을 다시 생각하게 만든다. 다른 사람을 배려하고 생각하느라 자신의 아픔을 드러내지 않고 줄곧 밝은 모습만을 가져가는 사쿠라의 이면을 바라볼 수 있게 '너의 췌장을 먹고 싶어' 라는 타테마에가 사용된 것이다. 이러한 타테마에에는 죽음에 대한 두려움, 삶에 대한 의지라는 혼네가 포함되어 있다.

시가와 사쿠라가 가까워지면서 두 주인공은 서로의 모습을 닮아간다. 누구와 어울리지도 않고 대화하지도 않았던 시가는 '껌 씹는 소년' 이라는 별칭으로 부르던 인물과 친구가 되기도 하고 사쿠라의 친구인 쿄코와 대화하기도 한다. 사쿠라 역시 시가를 만나면서 자신이 아프다는 사실을 알고 있는 시가와 함께 죽음을 준비하고 남은 인생을 행복하게 살기 위한 계획을 실현하는 모습을 보여준다.

---

15) 카니발리즘(cannibalism), 네이버 두산백과,
   http://terms.naver.com/entry.nhn?docId=1148479&cid=40942&categoryId=32175

이처럼 시가와 사쿠라가 점점 가까워지고 있는 중에 사쿠라는 시가에게 "내가 죽으면 나의 췌장을 먹게 해줄게."라는 말과 함께 췌장을 먹으면 췌장 주인의 영혼이 췌장을 먹은 사람의 몸에 영원히 함께 한다는 말을 덧붙인다. 사쿠라의 이러한 대사에는 자신과 함께하는 동안 시가의 변한 모습이 본인이 죽어서 사라지더라도 계속해서 유지되었으면 좋겠다는 소망이 담겨있다.

췌장을 먹는다는 타테마에 안에 췌장을 먹는 행위를 서로를 닮아가는 과정으로 결부시킨 혼네를 담으면서 서로를 닮고 싶어하고, 서로를 통해 배우고 변한 모습을 잃지 않았으면 하는 소망을 보여준다.

영화의 절정 부분에서 "너의 췌장을 먹고 싶어"라는 대사는 한 번 더 등장한다. 사쿠라가 죽음을 앞둔 상황에서 사쿠라와 시가는 서로에게 "너의 췌장을 먹고 싶어"라는 말을 한다. 시가는 사쿠라가 큰 고비를 겪고난 이후에 퇴원했다는 소식을 듣고 사쿠라에게 문자를 보낸다. 시가는 '넌 정말 대단해, 고백하자면 난 네가 되고 싶어.' 라는 장문의 문자를 보내려고 계속해서 문자를 써내려가다가 '너의 췌장을 먹고 싶어' 라는 한마디의 문장만 남겨놓고 썼던 모든 문자를 지워버린다.

이러한 시가의 문자와 교차 편집되어 나오는 사쿠라의 대사 또한 제목과 동일한 '너의 췌장을 먹고 싶어' 이다. 내레이션으로 시가가 쓰고 있는 문자의 내용과 퇴원하는 날, 사쿠라의 병에 대한 일기가 적혀있는 내용이 교차 편집되면서 서로의 마음이 확인되는 듯이 보인다. 결국 비극적인 결말로 인해 두 주인공의 관계가 진전되지는 않지만 두 주인공이 함께 보낸 시간에 대한 감정이 더욱 커졌다는 내용을 확인시켜주는 타테마에를 통해 서로를 좋아하고 서로의 옆에서 오랜 시간 함께하고 싶다는 혼네를 깨닫게 된다.

영화 '너의 췌장을 먹고 싶어' 는 숨겨진 진심에 대해 끊임없이 생각하게 만든다. 영화의 후반부까지 등장하지 않는 주인공의 이름부터, 소설 '어린왕자' 의 '정말 중요한 것은 눈에 안보여' 라는 인용문, "열심히 찾아서 발견하면 기쁘잖아. 보물찾기처럼"라는 사쿠라의 대사 등을 통해 관객들은 끊임없이 영화가 직접적으로 드러내지 않고 있는 영화의 본심, 즉 혼네를 찾는 과정에 빠진다. 이러한 혼네를 찾는 과정 속에서 관객들은 '너의 췌장을 먹고 싶어' 라는 제목이 가진 진정한 의미를 알게 되고 두 주인공의 이야기에 더 몰입하게 되면서 눈물을 흘리기도 하고, 순수한 사랑에 위로를 받기도 한다.

3. 결론

영화의 제목은 관객과 영화 사이의 가장 최초의 커뮤니케이션이자 가장 최후의 커뮤니케이션이다. 영화에는 관객의 호기심을 유발할 수 있는 영화 제목을 붙여 관객의 관심을 이끌어내 흥행을 만들어 낸다.[16] 관객들이 영화를 선택하게 만들기 위해서는 관객의 이목을 집중시킬 만한 요소가 필요하다. '나라타주' 와 같이 관객이 자주 접해보지 못했던 단어를 사용하기도 하고, '너의 췌장을 먹고 싶어' 와 같이 이질적인 분위기의 제목으로 호기심을 이끌어 내기도 한다. 영화에 대한 정보가 전혀 없는 관객에게 매력적인 제목은 영화를 선택하고 관람하게 하는 중요한 요소이다.

영화를 보고 나온 이후에도 영화는 제목을 통해 관객과 커뮤니케이션

---

16) 박영복 · 최인화, 제목으로 영화 읽기, 현암사, 1997, p.17.

한다. 관객이 영화의 장면과 상황을 떠올리기 전에 가장 먼저 떠올리는 제목을 통해 영화를 재음미하게 되고, 영화의 주제와 감성에 다시 몰입하게 만든다.

'나라타주' 처럼 표현 기법으로 영화의 제목을 설정하여 관객이 영화를 재음미하는 방법을 제시해주기도 하고, '너의 췌장을 먹고싶어' 처럼 은유적인 제목의 다양한 의미를 다시 떠올리면서 영화를 재음미하게 만들어 주기도 한다. 또한 '화려한 휴가', '달콤한 인생'과 같이 기존 영화의 주제의식과 감성에 대해 역설적으로 표현한 제목을 통해 영화를 통해 전달하고자 하는 바를 더욱 강조하는 방법도 있다.

이처럼 영화의 제목은 커뮤니케이션의 총체라고 할 수 있다. 영화를 선택할 수 있는 기준이 되고, 영화를 평가할 때의 기준이 되는 요소인 영화 제목에 대해서 끊임없이 연구하고 분석하는 태도를 가져야 하겠다.

〈가와세 나오미〉 영화 속 삶과 죽음의 메타포

-언어적 · 비언어적 요소를 중심으로-

권 단 비, 이 하 연

1. 들어가며

감독 '가와세 나오미'의 영화는 서정적인 연출과 감성을 자극하는 스토리, 그리고 빛을 아름답게 담아내는 영상미로 지난 20년간 많은 사랑을 받았다. 그녀의 작품들은 우리의 삶과 밀접하게 연결되어 있는데, 이는 감독의 경험이 작품에 투영되었기 때문이다. 즉, 우리는 그녀의 영화를 통해서 비단 그녀의 인생뿐만 아니라 우리의 모습 또한 마주하게 된다. 결국, 가와세 나오미의 영화는 그녀와 우리의 삶을 연결시켜주는 매개체라고 볼 수 있다.

그녀의 영화가 지난 20년간 호평을 받을 수 있었던 이유는 그녀의 뛰어난 연출력 덕분이 아닐까 싶다. 그녀가 카메라 속에 담아내는 모든 표현들은 우리의 감성을 자극하기에 충분하다. 즉 다양한 언어적 · 비언어적 요소를 사용하여 메시지를 전달하는 것이다. 그렇다면 가와세 나오미는 삶과 죽음의 주제를 어떠한 언어적 · 비언어적 요소를 사용하여 영화 속에 담아냈을까? 이 글에서는 그녀의 영화 〈빛나는〉, 〈앙: 단팥 인생 이야기〉, 〈소년, 소녀 그리고 바다〉에 표현된 삶과 죽음의 메타포에 대해 살펴보고자 한다.

2. 언어적 · 비언어적 요소

본격적인 영화 분석에 앞서 언어적 · 비언어적 요소가 무엇인지 살펴
보자. 영화는 메시지를 기호화하는 과정에서 문자언어와 음성언어를 통
한 언어적 표현과 그 외의 비언어적 표현이 동시에 이루어진다. 언어적
요소에는 대사, 내레이션, 자막 등이 있고, 이 요소들을 사용해 의미를
전달한다. 비언어적 요소에는 몸짓, 표정, 인상, 의복, 카메라의 앵글,
숏, 조명키, 음악, 음향 등의 요소들이 포함되어 언어적 요소와 함께 의
미를 전달한다.[1] 인간의 의사소통에 있어서 비언어적 요소들은 주로 감
정적 혹은 정서적 반응에 기여하며, 언어적 요소들은 이성적 혹은 논리
적 반응에 기여한다.[2] 성공적인 의사소통이 이루어지기 위해서는 감성
적 정보를 전달하는 비언어적 요소와 논리적, 이성적인 정보를 전달하는
언어적 요소 모두가 적절하게 통합되어야 한다.[3]

일반적으로 언어적 메시지는 서사 구조를 지닌다. 채트먼(1990)은 서
사를 기본적으로 이야기(내용)와 담론(형식)으로 구분하였다. 구체적으
로 이야기(내용) 부분을 살펴보면, 이야기란 '사건', '배경', '인물'을 중
심으로 사건과 갈등이 이어지는 행위의 발전을 말한다. 이때 사건들의
배열을 가리켜 이야기의 구성, 즉 플롯이라 한다. 배경은 서사가 발생하
는 공간을 말하는데, 서사의 분위기를 증폭시키거나 인물의 행위나 감정
을 적절하게 연출해주는 역할을 한다. 인물은 플롯 상에서 의미 있는 행
위를 하는 존재이다.

---

1) 이태영 外, 『언어와 대중매체』, 신아출판사, 2000, p.36.
2) 이태영 外, 上揭書, p.24.
3) 이태영 外, 上揭書, p.26.

담론(형식)은 사건이나 갈등을 언어로 표현하여 독자에게 전달하는 표현행위이다. 예를 들어 등장인물들의 실제 대화, 독백 등이나 카메라를 통해 서술되는 방식을 말한다. 그런데 카메라는 대상을 짧거나 길게 촬영할 수 있고, 느리거나 빠르게 이동해서 과거의 것으로 만들 수도 있다. 또 대상을 전체나 부분에서 롱쇼트나 클로즈업쇼트로 재현할 수 있다. 따라서 카메라 기법에 따라 제작자가 말하고자 하는 방식이 달라질 수 있다.[4]

비언어적 메시지는 언어적 메시지를 제외한 다양한 요소로 이루어져 있다. 비언어적 메시지가 사용된 커뮤니케이션에서는 놓인 상황, 상대와의 거리, 시선, 얼굴색, 복장, 머리 모양, 자세 등이 메시지를 전달하고, 언어적 요소가 사용되지 않더라도 수신자는 이런 여러 가지 요인을 통해 정보를 모을 수 있다.[5] 비언어적 메시지가 사용된 커뮤니케이션에 대해 도드(Dodd)는 몸짓이나 시간 또는 공간을 상징으로 하여 의사를 표현하는 것이라고 정의하였고,[6] 사모바(Samovar)와 포터(Porter)는 커뮤니케이션 상황에서 송신자와 수신자에게 잠재적 메시지 가치를 갖는, 인간이나 환경에 의해 야기된 언어를 제외한 자극을 포함하는 개념이라고 보았다.[7] 이러한 비언어적 메시지를 포함한 영상은 시간적 전개에 따라 서사를 구성하게 된다. 그러나 영상 하나하나는 카메라 프레임에 의해서 현실의 일정 부분만 '떼어낸' 비주얼 이미지이다. 따라서 카메라로 무엇을 잡는지, 찍는 사람이 그 영상을 통해서 어떠한 메시지를 전달하려고

4) 김우룡 外, 「이현숙-방송영상 분석」, 『커뮤니케이션 연구와 방법』, 나남, 2008, p.458.

5) 방재현, 「비언어적 커뮤니케이션의 시각메시지 표현연구: 메시지의 신체적 표현에 의한 포스터 제작」, 성균관대학교 석사논문, 2011, p.3.

6) C. H. Dodd, 『Dynamic of Intercultural Communication』, Wm. C. Brown Company Publishers, 1982, p.14, 김우룡 外, 『비언어적 커뮤니케이션론』, 나남, 2004, p.43에서 재인용.

7) L. A. Samovar, R. E. Porter and N. C. Jain, 『Understanding intercul-tural Communication』, Wadsworth Publishing Co, 1981, p.156, 김우룡 外, 『비언어적 커뮤니케이션론』, 나남, 2004, p.44에서 재인용.

했는지 그의 의도가 비언어적 메시지로써 영상에 내포된 것이라 할 수 있다. [8]

3. 언어적 · 비언어적 요소를 통해 바라본 삶과 죽음의 양상

앞서 2장의 내용을 통해 언어적 · 비언어적 요소는 영상에 담아내고 자 하는 메시지를 효과적으로 전달하는 역할을 한다는 것을 알 수 있었 다. 3장에서는, 2장의 내용과 결부하여 가와세 나오미 감독이 어떠한 언 어적 · 비언어적 요소를 사용하여 삶과 죽음의 주제의식을 영화에 표현 하려 하였는지 살펴보고자 한다.

1) 〈빛나는〉
─상실의 끝, 그곳에 빛

〈빛나는〉(2017)은 시력을 잃어가는 포토그래퍼 나카모리와 시각장애 인의 영화 감상을 돕기 위해 음성해설 대본을 작성하는 작가 미사코가 갈등을 넘어 소통하는 이야기를 다룬 영화이다. [9]

최고의 사진작가로 명성을 떨치던 나카모리는 시력을 점점 잃어가는 병을 앓는다. 그러던 중 영화의 음성해설을 만드는 미사코를 만나게 되 는데 이 두 사람은 어쩐지 서로의 존재를 의식한다. 미사코는 영화의 마 지막 장면 해설에 대한 고민을 끊임없이 하지만 만족할만한 해설이 떠오

---

8) 김우룡 外, 前揭書, p.464.
9) 임수연, 「[부산에서 만난 영화인들④] 가와세 나오미 감독 – 근본적으로 변하지 않는 질문」, 〈씨네21〉, http://www.cine21.com/news/view/?mag_id=88487, (2017. 10. 23.)

르지 않는다. 그러던 어느 날, 시각장애인들의 조언에도 좋은 구상이 떠오르지 않아 낙심하는 미사코에게 나카모리가 과도한 해설이 불편하다며 강한 어조로 모멸감을 준다. 결국 참다못한 미사코도 나카모리에게 날카로운 말을 내뱉고, 두 사람은 큰 갈등을 겪게 된다. 그러나 한동안 나카모리의 모습이 보이지 않자 미사코는 걱정스러운 마음에 나카모리의 집으로 찾아간다. 결국 다시 만난 둘은 그동안의 오해를 풀게 되고 서로의 아픔을 이해하게 된다.

이 영화에서 삶과 죽음의 주제의식을 나타내는 대표적인 언어적 · 비언어적 요소는 '빛'이다. 영화의 제목에서도 알 수 있듯이 '빛'이 영화의 전반을 이끌어 가는 주된 요소이다. 먼저 빛을 언어적 요소로 사용하여 삶과 죽음의 주제의식을 나타낸 부분을 살펴보자. 영화 중반부에 나카모리의 사진작가 후배가 참여한 잡지의 이름으로 'Radiance'라는 단어가 등장한다. 이때 'Radiance'는 원제인 〈光〉과 함께 영화 〈빛나는〉의 또 다른 제목이기도 하다. 그렇다면 가와세 나오미 감독은 왜 'Radiance'라는 단어에 집중하였을까? Radiance의 사전적 정의는 '행복감이 얼굴에 나타나는 빛', 그리고 '따스하고 밝은 빛'이다.[10] Light는 우리의 눈으로 직접 보아야 알 수 있는 빛이지만, Radiance는 눈으로 직접 보지 않아도 느낄 수 있는 빛이다. 눈에 보이지 않기 때문에 눈이 보이지 않는 사람도 볼 수 있는 빛인 것이다. 즉 '희망의 빛'이라 할 수 있다. 가와세 나오미는 인간의 삶과 죽음에 있어서 가장 밀접한 관계를 가지는 '희망'을 빛(Radiance)이라는 언어적 요소를 사용하여 표현하고자 하였음을 알 수 있다.

위에서 언급한 빛은 비언어적 요소로써도 나타난다. 빛을 유려하게

---

10) Oxford Advanced Learner's English-Korean Dictionary,
   https://www.oxfordlearnersdictionaries.com/definition/english/radiance?q=radiance, (2017. 12. 10)

담아내는 특징을 가진 가와세 나오미답게 〈빛나는〉에서도 태양 빛은 영화 전반에 걸쳐 보여진다. 그러나 나카모리와 미사코가 등장할 때는 빛 중에서도 유독 '석양빛'이 따른다. 미사코는 나카모리의 수많은 사진 중 석양을 찍은 사진에만 관심을 보였고, 미사코가 늘 지니고 다니는 아버지와 찍은 사진도 석양을 등지고 있는 모습이다. 그리고 영화 후반부에서 두 사람은 석양을 바라보며 비로소 서로의 삶의 내면에 집중하게 된다. 이러한 석양이 지닌 의미에 대해 살펴보자면, 석양은 이들이 처한 '상황과 내면'을 표현한 것이라 할 수 있다. 해가 저물면 어둠이 닥쳐오듯이, 눈이 점점 멀어 앞이 보이지 않는 나카모리의 상황을 석양으로써 표현한 것이다. 또한, 이유조차 알 수 없는 아버지의 실종과 갈수록 치매 증세가 심각해지는 어머니 때문에 고통의 나날을 보내고 있는 미사코의 내면을 빛이 저물고 어둠이 드리우는 석양으로 나타내었다. 이처럼 두 사람은 육체적으로, 그리고 정신적으로 어둠에 이끌리고 있다는 것을 알 수 있다. 희망의 의미를 지닌 빛이 이러한 두 사람의 어두운 내면을 더욱 부각하고 있는 것이다.

영화에 사용된 또 다른 비언어적 요소는 '배리어프리 영화 음성해설'이다. 미사코가 영화의 음성해설 대본을 작성하는 행위는 '미사코의 성숙'을 나타내는 비언어적 요소로써 작용하였다. 미사코는 기타바야시 감독의 영화 음성해설을 맡게 된다. 하지만 '삶과 죽음을 통해 얻게 되는 상실의 아름다움'이라는 주제를 인지하지 못한 채, 영화의 마지막 장면인 '사랑하는 이를 떠나보내고 홀로 언덕 위를 올라 석양을 바라보는 주인공 주조'의 모습을, "그의 표정은 살아갈 희망으로 가득 차 있다."라고 해설하여 시각장애인들에게 부정적인 피드백을 받는다. 그러던 중, 미사코는 나카모리와의 만남으로 변화를 겪게 된다. 어두운 내면을 지닌 둘은 서로가 지닌 상실의 아픔을 보듬어 주며 치유를 받게 되고, 서로에게 내일을 향해 나아갈 수 있는 동기와 희망을 부여해줌으로써 어둠에서 한 발 앞으로 나아갈 수 있었다. 결국, 미사코는 '희망이란 찾아 헤매거나 뒤쫓는 것이 아니라, 내가 바라보는 곳이 곧 희망이 된다'는 것을 깨닫게 된다. 그 후 미사코는 "그의 표정은 살아갈 희망으로 가득 차있다."라는 해설을, "주조가 바라보는 곳, 그곳에 빛"이라는 해설로 변경하였다. 음성해설 작업을 마무리한 미사코는 결국 많은 관객의 박수를 받으며 영화 상영을 마칠 수 있었다. 미사코의 영화 음성해설은 삶과 죽음, 그리고 상실의 아름다움에 대한 이해를 통해 비로소 완성되었다. 음성해설 실력이 발전함에 따라 내면의 성숙도 이루어졌다. 즉 영화 음성해설이라는 비언어적 요소를 사용함으로써 미사코의 성숙을 이끌어낼 수 있었던 것이다. 가와세 나오미 감독은 이러한 성숙의 과정을 통해 영화의 주제의식을 표현해낼 수 있었다.

카메라를 본인의 심장으로 여긴 사진작가 나카모리에게 실명이란 사망선고와도 같았다. 하지만 미사코와의 소통을 통해 그는 시력을 잃은 상실감을 극복할 수 있었다. 아버지의 부재와 어머니의 치매로 가족의 상실이란 고통을 겪던 미사코도 나카모리 덕분에 현실을 이겨낼 힘을 얻게 되었다. 이로써 어두웠던 두 사람의 내면도 점점 희망의 빛으로 물들어 갔다. 이렇듯 상처를 가진 두 사람이 서로를 통해 치유되는 과정을 담은 〈빛나는〉은 우리에게 존재의 아름다움과 희망의 의미를 전달한다. '빛'과 '음성해설'이라는 언어적·비언어적 요소를 사용함으로써 영화의 주제의식을 관객에게 효과적으로 전달할 수 있었다.

2) 〈앙: 단팥 인생 이야기〉
- 도쿠에의 인생으로 바라보는 삶과 죽음의 주제의식

〈앙: 단팥 인생 이야기〉(2015)는 일본의 전통 단팥빵 '도리야키'를 파는 작은 가게를 배경으로, 세상으로부터 버림받아 온갖 고난을 겪는 세 사람의 이야기를 다룬 영화이다.

도라야키 가게의 센타로는 '도라하루(도라봄)'의 고용 사장으로 단조로운 나날을 보낸다. 그러던 어느 날, 가게의 구인공고 벽보를 보고 센타로에게 가게에서 일하게 해달라고 간청하는 할머니 도쿠에가 나타난다. 이튿날부터 센타로는 그녀의 기세에 떠밀려 도라야키의 팥소(팥앙금)를 만들게 된다. 그녀가 만드는 팥소는 몹시 맛있어 가게가 순식간에 번창한다. 그리고 항상 찌그러진 도라야키를 받으러 온 동네 여중생 와카나도 점차 도쿠에와 마음을 나누어 간다. 그러던 어느 날, 도쿠에가 과거에 한센병을 앓았던 것이 동네에 소문이 나게 되며 급작스럽게 손님이 줄어 센타로도 도쿠에를 그만두게 해야 할 상황이 된다. 이 상황을 헤아린 도쿠에는 미련 없이 가게를 떠나고, 그 이후 도쿠에는 센타로와 와카나의 앞에 모습을 보이지 않았다.[11] 결국 센타로와 와카나는 도쿠에가 머무는 한센병 요양원인 젠쇼엔에 찾아간다. 도쿠에가 약 50년간 사회로부터 격리되어 생활한 그곳에서 그들은 재회를 하게 되고, 각자 인생 이야기를 나누며 서로의 내면을 보듬어준다. 하지만 며칠 후, 도쿠에는 폐렴에 걸려 세상을 떠나게 된다. 하지만 센타로와 와카나는 이에 주저앉지 않고 새로운 삶을 꿈꾸며 한 발 앞으로 나아간다.

영화 속 인물들은 서로 다른 이유로 사회로부터 격리된 삶을 산다. 하

---

11) 河瀨直美, http://www.kawasenaomi.com/kawase/ (2017. 11. 05.)

지만 그들은 인간의 존엄성이 결핍된 사회 속에서도 자신의 삶을 살아가기 위해 고군분투한다. 그들은 각자 사회로부터 버림받았지만, 서로가 서로를 바라봄으로써 인간으로서의 존재 의미를 부여받는다. 이렇듯 가와세 나오미는 들리지 않는 사람들의 목소리를 통해 우리 사회의 이면을 표현하고자 하였다. 즉 '인간의 본질'에 대해 이야기를 전개해 나감과 동시에, 삶과 죽음이라는 대주제를 통해 서사의 완성을 이루었다. 가와세 나오미는 언어적 · 비언어적 요소를 이용하여 '삶과 죽음'의 주제의식을 자연스럽게 영화에 녹여냈다. 대표적인 비언어적 요소는 '벚꽃'이다. 예로부터 일본에서는 벚꽃을 '영원과 소멸'의 상징물로 사용해왔다. 벚꽃이 지는 모습을 '죽음'의 이미지와 결부시킨 것이다.[12] 〈앙: 단팥 인생 이야기〉에서도 벚꽃이 '삶과 죽음'의 상징물로써 나타난다. 벚꽃이 피어날 무렵, 센타로와 도쿠에가 만나게 되었고 영화의 본격적인 이야기가 시작되었다. 그리고 벚꽃이 지고 가을이 오자 도쿠에는 센타로와 와카나의 곁을 영원히 떠나게 된다. 하지만 시간이 흐르고 봄이 되어 다시 벚꽃이 피어나자 절망으로 가득했던 두 인물의 삶도 새롭게 시작되었다. 이처럼 삶과 죽음의 문제를 벚꽃이 피고 지는 것으로 빗대어서 표현하여 그 주제의식을 나타내었다. 또한 도쿠에가 세상을 떠난 후, 그녀의 무덤을 대신해 왕벚나무가 심어졌다. 이는 '도쿠에'라는 인물이 벚꽃으로 상징되어 비언어적 요소로써 작용하였음을 알 수 있다. 즉 도쿠에라는 인물 그 자체가 삶과 죽음의 의미를 지닌다는 것으로 풀이된다. 이렇듯 벚꽃이라는 비언어적 요소를 사용하여 삶과 죽음이라는 주제의식을 영화에 담아내었다.

　삶과 죽음이라는 주제는 언어적 요소로써도 나타난다.

---

12) 남이숙, 「일본고전시가에 나타난 벚꽃 표현의 양상」, 『동아시아고대학』 제 33집, 동아시아고대학회, 2014, p.214.

"우리는 이 세상을 보기 위해서, 세상을 듣기 위해서 태어났어. 그러므로 특별한 무언가가 되지 못해도 우리는, 우리 각자는 살아갈 의미가 있는 존재야"

"특별할 것 없는 도리야키처럼 우리도 꼭 특별하게 살아야 할 이유는 없단다."

"다만 하고 싶은 걸 하고 살라는 거야. 우린 자유로운 존재니까"라는 대사가 있다.

삶과 죽음의 의미를 지닌 도쿠에의 위와 같은 대사는 사회가 만들어 낸 '정상'이라는 기준에 미치지 못한다 하더라도, 또 세상으로부터 외면을 받는다 하더라도 인간은 그저 살아있다는 그 자체로 의미를 가진다는 것을 표현한다. 가와세 나오미 감독이 이 영화를 통해 관객에게 삶과 죽음의 주제 의식과 더 나아가 인간의 본질에 대해 전달하고자 하였음을 알 수 있다.

인간은 홀로 존재하는 것이 아닌 서로가 서로를 바라볼 때 비로소 존재의 의미를 갖게 된다. 영화 속 인물들 또한 소외된 삶을 살아왔지만, 서로를 통해 존재의 의미를 얻게 되었고 새 삶을 살아갈 수 있게 되었다. 이렇듯 이 영화는 '삶과 죽음'이라는 주제 속에서 인간의 존재 의미에 대해 다루었고 이것을 '벚꽃'이라는 언어적·비언어적 요소를 사용하여 효과적으로 영화에 담아낼 수 있었다.

3) 〈소년, 소녀 그리고 바다〉
– 죽음으로써 깨닫게 되는 삶의 의미에 대하여
〈소년, 소녀 그리고 바다〉(2014)는 삶과 죽음이라는 큰 주제를 갖고

소년 카이토와 소녀 쿄코가 인생의 의미에 대해 깨달아가는 과정을 그려
낸 영화이다.

부모님의 이혼으로 아마미섬에 이사 온 카이토는 우연히 바닷가에서
죽은 시신을 발견하여 도망치게 된다. 그 후 마을 사람들 사이에서 소문
만 무성하게 퍼져 가고, 쿄코는 뭔가를 감추고 있는 듯한 카이토에게 물
어보지만 카이토는 모른다는 대답만 할 뿐이다. 한편 죽음을 준비하는
엄마와의 이별이 두려운 쿄코는 유일한 친구인 카이토에게 의지하려 하
지만 엄마의 외도로 인해 여자에 관한 트라우마를 가진 카이토는 쿄코를
멀리한다. 그러던 어느 날, 커다란 태풍이 섬을 지나가고 두 사람은 인생
의 삶과 죽음의 과정을 겪게 된다. 그것을 계기로 그 둘은 진정한 인생의
의미를 깨닫게 된다.

〈소년, 소녀 그리고 바다〉는 자연의 생명력이 살아있는 압도적인 영
상미와 각 캐릭터의 내면의 풍광을 섬세하게 그려냈다. 또한, 가와세 나
오미의 작품세계를 관통하는 '삶과 죽음', '한 세대를 지나 다음 세대까
지 이어지는 삶의 주기', '인간과 자연의 공생' 이라는 주제 의식을[13] 다
양한 언어적 · 비언어적 요소를 통해 전달하고자 하였다.

〈소년, 소녀 그리고 바다〉에는 삶과 죽음의 기운이 영화 전반을 감돌
고 있다. 영화의 시작과 함께 등장하는 염소의 죽음에 이어 얼마 지나지
않아 바다 위로 의문의 시체 한 구가 떠오른다. 그리고 죽음을 앞둔 쿄코
의 엄마 '이사' 의 이야기는 영화를 이끌어 가는 주된 소재이다. 이렇듯
감독은 '삶과 죽음' 을 영화 전면에 내세움으로써 전달하고자 하는 주제
의식을 확고히 하려 했음을 알 수 있다. 이러한 주제의식이 담긴 대표적
인 비언어적 요소는 이들이 살아가는 공간인 '바다' 이다. 바다는 인간의

---

13) 네이버 영화, 소년, 소녀 그리고 바다, http://movie.naver.com/movie/bi/mi/basic.nhn?code=124736
(2017. 11. 05.)

'삶' 을 의미하는 비언어적 요소로써 사용되었다. 영화 속 등장하는 인물들의 내면과 갈등, 그리고 그들의 삶을 바다의 상황으로 나타낸 것이다. 주인공 카이토는 부모님이 이혼을 했지만 엄마가 아빠 이외의 다른 남자를 만나는 것을 용납하지 못한다. 카이토가 이러한 이유로 내적 갈등을 겪자 잔잔했던 바다에 강한 바람이 불어오기 시작한다. 카이토는 늘 자신의 감정을 표현하지 않고 묵묵히 삼켜왔지만, 결국 응축된 감정이 터져 엄마에게 모진 말을 내뱉게 되고, 두 모자는 큰 갈등을 겪게 된다. 카이토가 처음으로 내면의 감정을 터트리자, 섬에는 커다란 태풍이 찾아온다. 그리고 다툼 후 오랜 시간이 흘러도 엄마가 돌아오지 않자 카이토는 불안감에 휩싸인다. 카이토의 위태로운 감정을 대변하듯 바다에는 거센 파도가 섬을 집어삼킬 듯이 일렁인다. 그러던 중, 카이토는 쿄코의 아빠에게 조언과 충고를 듣고 비로소 엄마의 삶을 이해하게 된다. 카이토의 불안정했던 내면이 잠재워지자, 위태롭게 불어 닥친 태풍은 지나가고 거센 파도로 일렁이던 바다도 언제 그랬냐는 듯 잔잔함을 되찾았다. 이러한 바다의 변화는 카이토 모자의 갈등뿐만 아니라 쿄코의 엄마인 '이사'의 삶과 죽음과도 관련이 있다. 이사는 죽음을 앞두고 있지만 늘 평온함을 유지한다. 죽음은 단지 형체만 없어지는 것뿐이라며 두려워하지 않는다. 죽음에 대한 이사의 초월적인 태도는 잔잔한 바다로써 표현된다. 그러나 이러한 이사를 바라보는 쿄코는 죽음을 대하는 이사의 태도를 이해하지 못한다. 하지만 섬에서 여러 죽음을 겪게 되고, 죽음을 겸허히 받아들이는 어른들을 보며 점점 삶과 죽음의 의미를 깨달아간다. 엄마인 이사가 세상을 떠나자 쿄코의 마음을 대변하듯 거센 파도가 일렁이며 폭풍우가 내리기 시작하지만, 엄마의 죽음으로 결국 인생의 의미를 이해하게 된 쿄코는 비로소 죽음에 대한 초월적인 태도를 갖게 되고, 쿄코의 안정된 내면과 함께 바다도 고요한 상태로 돌아간다. 이처럼 인간의 복잡한 감정과 갈등, 그리고 삶을 '바다'라는 비언어적 요소를 활용하여 표현하였다. 요동치는 파도는 우리의 인생을, 그리고 그러한 파도를 담고 있는 바다는 우리의 삶을 나타내었다고 할 수 있다.

이러한 삶과 죽음의 주제의식은 언어적 요소인 영화 속 인물들의 '대사'를 통해서도 확인할 수 있다. 가와세 나오미 감독은 영화를 통해 전달하고자 한 삶과 죽음에 대한 메시지를 대사를 통해 가감 없이 표현하였다.

"죽으면 만날 수도 없고 몸의 온기를 느낄 수도 없잖아요."
ㅡ"네 말이 맞아 형체가 없어지니까. 하지만 생각은 이 세상에 있는 거야. 몸의 온기는 없더라도 마음의 온기가 있지. 엄마 마음의 온기가 네 마음에 있어."

"엄마의 영혼은 이제 쭉 쿄코에게 연결돼 있어. 엄마 혼자만의 생명이 아니야. 쿄코의 생명에 연결되어서 쿄코가 누군가를 낳으면 또 그 아이로 연결되는 거지. 그래서 죽음이 무섭지 않아."

"쿄코, 너는 사람이 죽지 않는다고 생각하지? 사람은 말이야 누구라도 죽어. 신도 다 죽는 거야."

"자연에 대해선 겸허한 마음을 가져야 해 바둥거려 봤자 소용없으니"

위의 대사는, '죽음이란 완전한 존재인 '신'조차도 피해갈 수 없는 절대적인 영역의 것이지만, 우리가 살아가는 삶의 일부이기도 하다는 것'을 의미한다. 이는 가와세 나오미 감독이 '삶과 죽음'에 대하여 어떠한 태도를 갖고 있는지 알 수 있는 대목이다. 또한, 위의 대사를 통해 삶과 죽음뿐만 아니라, '한 세대를 지나 다음 세대까지 이어지는 삶의 주기', '인간과 자연의 공생'의 주제의식도 확인할 수 있다. 언어적 요소인 대사를 통하여 여러 주제의식을 영화 속에 담아낸 것이다.

이처럼 가와세 나오미 감독은 〈소년, 소녀 그리고 바다〉에서 인물들의 대사와 바다라는 언어적 · 비언어적 요소를 사용하여 본인의 작품세계를 관철하는 여러 주제의식을 나타내었다. 또한, 이 영화에서는 그녀의 다른 작품들과는 다르게 삶과 죽음을 서사의 전면에 내세움으로써 전달하고자 한 주제의식을 더욱 효과적으로 강조할 수 있었다. 그렇기 때문에 관객으로 하여금 '죽음이란 겸허히 받아들이는 것'이라는 메시지를 이끌어 낼 수 있었다. 이 영화는 인물들의 관계와 성격을 나타내는 요소들과 아름다운 풍경 및 음악이 어우러져 소년 카이토와 소녀 쿄코가 인생의 의미를 깨달아가는 과정을 잔잔하게 담아냈다.

4. 마무리
– 유한하기에 가치가 있는 아름다운 삶에 대하여

가와세 나오미 감독은 인간 내면의 풍광을 비추는 작품을 통해 관객에게 삶과 죽음의 의미를 전달한다. 특히 아픔이 있는 인물을 중심으로 상실과 치유를 노래하며 응원의 메시지를 선사한다. 영화 속 인물들은 서로를 보듬어줌으로써 치유를 받고, 내일을 향해 나아갈 수 있는 희망을 얻는다. 또한, 인간이란 살아있다는 자체로 의미를 가지는 존재라는 것을 일깨워 주기도 한다. 이는 관계 속에서 피어나는 치유의 아름다움에 대해서 전하고자 한 것이다. 이렇듯 감독은 삶과 죽음이라는 대주제를 통해 희망의 메시지를 전달한다.

〈빛나는〉에 등장하는 영화 속 영화에는 "눈앞에서 사라져버리는 것만큼 아름다운 건 없어"라는 대사가 반복적으로 나타난다. 이는 가와세 나오미 감독이 영화 전반에 걸쳐 전달하고자 한 메시지라고 할 수 있다. 또한 그녀의 모든 작품을 관통하는 주제이기도 하다. 이는 '삶이란 유한하기에 더욱 가치가 있고 아름다운 것'이라는 걸 의미한다. 그녀는 '유한하여 더욱 소중한 삶'에 대해서 전달하기 위해 여러 언어적 · 비언어적 요소를 사용하여 영화 속에 담아내었다.

그녀는 특히 '자연물'이라는 비언어적 요소에 집중하였다. 〈빛나는〉에서는 '빛'을 통해 상처를 치유하여 앞으로 나아갈 수 있는 희망을 이야기하였고, 〈앙: 단팥 인생 이야기〉에서는 '벚꽃'을 통해 인간의 존재 의미에 대해 다루었다. 그리고 〈소년, 소녀 그리고 바다〉에서는 '바다'를 통해 인생의 의미를 깨달아가는 과정을 그려냈다. 영화의 주제의식이 관객에게 효과적으로 전달될 수 있도록 '자연물'이라는 비언어적 요소를 사용한 것이다.

가와세 나오미 감독의 작품은 유난히 여백의 미가 돋보인다. 롱 테이크 기법을 사용함으로써 관객에게 여백과 침묵의 힘을 선사하는 것이다. 장면의 긴 호흡은 사실감을 더해줌과 동시에 관객에게 해석의 능동성을 부여하기도 한다. 이로 인해 관객은 영화에 대해, 그리고 삶과 죽음이란 주제에 대해 깊이 있게 고민해볼 수 있는 시간을 제공받는다. 덕분에 우리는 삶과 죽음이란 주제를 더욱 가까이에서 바라보게 되고, 그 과정에서 감독과 영화, 그리고 관객은 함께 호흡하게 된다. 결국 가와세 나오미 감독이 영화를 통해 전달하고자 한 '소통의 관계 속에서 피어나는 아름다움'을 실현할 수 있는 것이다.

비언어적 요소뿐만 아니라 언어적 요소도 그녀의 영화에서 주제를 전달하는 데 큰 역할을 한다. 그녀의 작품들을 살펴보면, 주제의 의미를 지닌 상징어를 제목에 사용하고 있음을 알 수 있다. 〈빛나는〉과 그 원제 〈光〉에서도 '빛'의 의미를 확인할 수 있고, 〈소년, 소녀 그리고 바다〉와 영어 제목인 〈Still The Water〉에서도 영화의 주제를 담은 상징어가 사용되었다. 이렇듯 그녀의 작품세계에는 수많은 언어적 · 비언어적 요소가 녹아들어 주제의식을 전달한다.

이처럼 가와세 나오미 감독은 영화 속에 여러 언어적 · 비언어적 요소를 사용하여 많은 메시지를 담아내려는 시도를 하였다. 하지만 관객이 그것을 적극적으로 받아들이려고 하지 않는다면 사용된 여러 요소는 무의미한 것이 될 것이다. 그렇기 때문에 영화를 감상할 때 숨겨진 언어적 · 비언어적 요소를 읽어내려는 노력이 필요하다. 감독이 전달하고자 한 메시지, 영상, 그리고 관객이 함께 호흡을 한다면 비로소 작품의 완성을 이룰 수 있을 것이다. 이처럼 관객의 적극적인 감상으로 진정한 영화의 의미를 함께 만들어 갈 수 있기를 희망한다.

참고자료

김우룡 外, 『비언어적 커뮤니케이션론』, 나남, 2004.

김우룡 外, 『커뮤니케이션 연구와 방법』, 나남, 2008.

남이숙, 「일본고전시가에 나타난 벚꽃 표현의 양상」, 『동아시아고대학』 제 33집,
　　　동아시아고대학회, 2014.

방재현, 「비언어적 커뮤니케이션의 시각메시지 표현연구: 메시지의 신체적 표현에 의한
　　　포스터 제작」, 성균관대학교 석사논문, 2011.

이태영 外, 『언어와 대중매체』, 신아출판사, 2000.

C. H. Dodd, 『Dynamic of Intercultural Communication』, Wm. C. Brown Company
　　　Publishers, 1982.

L. A. Samovar, R. E. Porter and N. C. Jain, 『Understanding intercul-tural
　　　Communication』, Wadsworth Publishing Co, 1981.

〈씨네21〉, 「[부산에서 만난 영화인들④] 가와세 나오미 감독 – 근본적으로 변하지 않는 질문」,
　　　http://www.cine21.com/news/view/?mag_id=88487, (2017. 10. 23.)

Oxford Advanced Learner's English-Korean Dictionary,
　　　https://www.oxfordlearnersdictionaries.com/definition/english/radiance?q=
　　　radiance

河瀬直美, http://www.kawasenaomi.com/kawase/

네이버 영화, http://movie.naver.com/movie/bi/mi/basic.nhn?code=124736

다큐멘터리 영화의 반복적 구성을 통한 주제의 강조

– '시대불화'를 중심으로

1. 다큐멘터리 영화

1948년 체코슬로바키아에서 세계 최초로 개최된 다큐멘터리 연맹회의는 다큐멘터리에 대해 다음과 같이 정의를 내린다. 다큐멘터리란 경제, 문화, 인간관계의 영역에서 인간의 지식과 이해를 넓히고 그 욕구를 자극시켜 문제점과 그 해결책을 제시하기 위한 목적을 가지고 이성이나 감성에 호소하기 위해 사실의 촬영과 진지하고 이치에 맞는 재구성을 통해 사실의 모든 면을 영화 기록하는 방법을 말한다.[1] '사실의 촬영'이란 말 속에서는 다큐멘터리가 대상으로 하는 사실에 대해 명백한 존재론적인 인정을 하고 있지만 '재구성'이라는 단어를 사용함으로써 재구성된 결과물의 허구와의 차이에 대한 논란의 여지는 남겨두고 있다. 소재가 사실이라는 점 그리고 그것의 사진적 복제력에 중심을 두어 다큐멘터리를 보려는 입장과, 재구성에 중심을 두어 다큐멘터리를 보려는 입장은 역사적으로 대립, 충돌, 절충되는 과정을 겪어왔다.[2]

---

1) 진평국(1994), 영상 다큐멘터리론, 서울: 나남, p.42.
2) 목혜정(1999), 영화사 서술방식으로서의 다큐멘터리 : 그 의의와 양식에 대한 연구, 동국대학교 석사논문, p.23.

하지만 이러한 다큐멘터리의 재구성이라는 부분에 대해 노엘 캐롤은 다큐멘터리의 객관성에 초점을 맞춘 입장을 가진다. 노엘 캐롤은 "다큐멘터리를 포함한 모든 영화는 그것이 재현인 허구이다"라는 매츠의 주장에 대해서 "만약 재현이 허구에 대한 충분조건이 된다면 스크린의 방안에 독가스가 없었다는 이유로 〈The Great War 1913-1918〉 마저도 허구란 말인가? 매츠의 이런 이론은 허구가 아닌 책도 영화도 말도 이 세상에는 존재할 수 없다는 말이 되며 이로부터 허구에 대한 이론적인 개념 자체는 소용없는 것이 된다"[3]라는 문제제기를 한다.

또한 이에 대하여 논픽션이 객관적이 될 수 있다고 주장한다. 객관성을 기준(standard), 일상적인 것(routine), 설명의 양식, 특별히 훈련을 통해서 찾아지는 증거의 규범들이라고 정의내리면 논픽션은 객관적임에 부합한다고 할 수 있다고 하였다.[4]

따라서 다큐멘터리 영화를 바라볼 때 재현이라는 것이 재구성이라는 가치에서 픽션이냐의 논픽션이냐 가치를 따지는 것보다 다큐멘터리가 가지고 있는 진정성과 작가의 구성적 측면에 대한 강조에 대하여 주목해야 한다. 노엘 캐롤의 말처럼 그 현장에서 직접 담은 화면들만이 다큐멘터리라고 할 수 없으며 일반적인 사실을 고증한 객관적인 기준들이 충족된다면 재현이라는 개념 또한 다큐멘터리의 한 장르가 될 수 있다. 이에 이 글에서는 이러한 재현들과 함께 재구성을 바탕으로 한 영화 '시대불화'의 구성적 측면에 대해서 서술하고자 한다.

---

3) 목혜정(1999), 영화사 서술방식으로서의 다큐멘터리 : 그 의의와 양식에 대한 연구, 동국대학교 석사논문, p.23에서 재인용
4) 목혜정(1999), 영화사 서술방식으로서의 다큐멘터리 : 그 의의와 양식에 대한 연구, 동국대학교 석사논문, p.29.

2. 영화 '시대불화'

장 시밍 감독의 '시대불화'에서는 다큐멘터리적인 해석을 통해 중국의 사진작가 '렌항'에 대한 이야기를 하고 있다. 본래 이 영화는 'depression'이라는 제목으로 기획되었다. 우울증에 대한 내용을 다루려던 장 시밍 감독은 영화의 이야기 소재로써 렌항이라는 사진작가를 알게 되었다. 그 후 감독은 렌항이 표현하는 내면세계와 그가 앓고 있던 우울증이라는 내용을 조금 더 인물을 중심으로 표현하기 위해 제목을 '시대불화(I've Got a Little Problem)'이라는 제목으로 바꾸게 되었다.

중국의 사진작가 렌항은 현실을 재구성하는 사진의 예술성을 이용하여 자유를 표현했다. 특히 사진의 여러 장르 중에서도 중국에서 금기시되고 있는 누드 사진을 통해 자신의 예술을 표현하고자 했다. 그러나 이러한 표현들은 중국내에서 엄격하게 금지되어 있는 것들이기 때문에 렌항은 많은 편견과 오해에 부딪히게 되었다.[5]

장 시밍 감독이 연출한 다큐멘터리 영화 '시대불화'에서는 '렌항'이라는 사진작가가 누드를 통해 자유를 표현하기 위하여 부딪혀야 했던 사회의 따가운 시선과 감독이 표현하고자 했던 우울이라는 정서에 대한 내용을 40분이라는 단편의 형태로 표현하고 있다. 40분이라는 짧은 시간 속에서 영화는 3막의 구조로 나누어지는데, 다양한 반복구성으로 영화의 주제를 강조하고 있다. 이 글에서는 이러한 반복적인 구성이 다큐멘터리영화에서 어떠한 효과를 나타내는지에 대하여 알아보고자 한다.

---

5) "누드라는 장르는 끊임없이 예술과 외설 사이에서 논쟁의 거리가 되고 있습니다. 그러나 일반적인 누드의 개념으로 볼 때 진정한 의미의 누드는 현대 서양정신의 원천인 그리스의 인본주의와 함께 탄생한 예술형태로서 B.C 7세기경에 나타나 B.C 5세기경에 완성미를 갖추게 되었습니다. 누드는 수많은 작가에 의해 다양한 방식으로 표현되어 오다가 사진에 의해 새로운 묘사가 가능해지게 되었습니다. 사진은 피사체를 있는 그대로 충실하게 그리는 특성 때문에 있는 그대로의 나체를 예술의 주제로 부각시켰습니다. 사진은 회화와는 달리 피사체의 모양, 질감, 특질까지 정확하게 묘사할 수 있는 면에서 그 누구도 다른 것과 바꿀 수 없는 순수한 자신의 것 표현을 할 수 있게 하고 있습니다.", 김병주(2008), 누드 이미지를 통해 바라본 몸의 정체성에 관한 연구, 경성대학교 석사논문, p.13.

3. '시대불화'의 반복 구성

이 영화의 특징적인 구성은 중복적인 대사와 중복적인 화면이 40분이라는 시간동안 자주 등장하는 것이다. 렌항이 창가에서 석류를 먹는 장면, 동그란 프레임 속에서 자전거를 타고 어딘가를 가고 있는 불안한 클로즈업 샷이 계속해서 영화 속에서 반복되며 렌항의 불안한 내면과 우울이라는 주제를 더욱 강력하게 전달하고 있다.

1) 프레임의 이용

영화 '시대불화'의 반복적인 구성들은 이 영화의 주제인 우울증을 더욱 또렷하게 보여준다. 그중 첫 번째가 프레임 안에 프레임을 구성하는 방식이다. 기존의 영화에서도 사각형이라는 영화의 프레임 속에 창문 등의 테두리를 가진 물체를 통하여 인물을 가두는 방법을 사용하고는 하는데, 시대불화에서는 편집적인 기법으로 샷을 프레임 안에 가두어 사용하고 있다. 프레임의 모양은 아래의 〈그림 1〉과 같다.

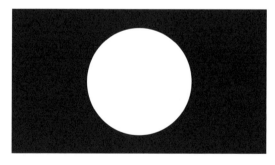

〈그림 1〉 원형 프레이밍

〈그림 1〉과 같이 구성된 프레임에서 주인공인 렌항은 자전거를 타고 어딘가로 향하고 있다. 이러한 장면은 렌항이 느끼고 있는 심적 불안감 즉 우울에 대한 내용을 표현하고 있다. "오늘도 무작정 집을 나와서 페달을 밟고 있다. 나는 어디로 가야하는가?"라는 대사와 함께 자전거의 바퀴를 극단적인 클로즈업 샷과 함께 자전거의 이동을 보여준다.

이러한 샷을 동그란 프레임 안에 가두어 관객들로 하여금 답답한 느낌을 전달하는 동시에 관객들의 시선을 원 안으로 모으는 효과를 준다. 이동하는 자전거의 바퀴를 클로즈업하였고 그 주변을 〈그림 1〉과 같은 프레임으로 둘러쌌기 때문에 자전거가 이동은 하고 있지만 관객들에게는 자전거 바퀴만이 보이게 된다. 이를 통해 때문에 렌항의 대사처럼 관객들 또한 어디로 가야하는지 알 수 없는 렌항의 심리적 불안감에 더욱 몰입하게 된다.

2) 결말 장면의 반복과 우울증의 표현

'시대불화'의 결말은 렌항이 창가에서 아무 말 없이 석류를 먹고 있는, 세상에 대한 우울을 표현하는 장면이다. 고층의 건물에서 철창 사이로 보이는 시내를 내려다보는 렌항은 몇 시간이 지나도록 같은 자세로 창밖을 응시하고 있다.

이는 렌항이 사회와의 갈등으로 겪고 있는 우울을 표현한다. 자신의 예술적 표현에 대해 다른 가치를 가지고 있는 중국 사회에 대한 개인의 감정을 위와 같은 장면을 통해 반복하여 보여준다.

이러한 장면은 영화의 주제와도 깊은 연관이 있다. 우울증이라는 그의 감정이 개인의 질병이 되는 것인가, 통제된 중국의 사회 때문인가에 대해서 질문을 던지기 때문이다.

우울증은 신체적인 원인, 사회적 원인 등 다양한 원인을 가진다. 우울증의 신체적 원인은 주로 정신의학자에 의해 발전됐다. 신체적 원인은 유전적 요인, 뇌의 신경화학적 이상, 뇌구조의 기능적 손상, 내분비계통의 이상, 생체 리듬의 이상 등에 초점을 맞추어 연구한다. 또한 여기에 우울증의 유전성과 유전적 소인도 흥미로운 관심사다. 이를 위해 가계 연구, 쌍생아 연구, 입양 연구 등이 진행됐고, 유전적 소인이 있을 수 있다는 연구결과도 있다.

그러나 사회적 스트레스의 상황으로도 우울증이 증가한다. 이 경우 생활시건[6]들은 개인에게 심리적 좌절과 스트레스를 주는 부정적 측면으로 작용한다. 물론 부정적 생활 사건이 모두 우울증에 걸리는 직접 요인은 아니지만, 부정적 사건이 그만큼 우울증의 유발 가능성을 높인다.

결말 장면의 반복을 통해, 렌항의 우울증은 개인과 사회 모두에게서 영향을 받고 있을 수도 있고, 이 중 하나만 원인이 될 수도 있다는 것을 결말 장면을 통해서 나타낸다. 고층 건물에 앉아 무엇인가를 포기한 표정으로 무심하게 내려보고 있는 렌항과 함께, 너무나 활발하게 움직이고 있는 중국 사회를 렌항의 시선인 하이앵글로 비추어준다.

이 결말 장면은 렌항이 법률상담가에게 찾아가 자신이 누드 사진들을 촬영하는 것이 왜 위법인가에 대해 상담하는 장면과도 연결되어 설명될 수 있다. 렌항은 끊임없이 자신의 사진에 대해 설명하지만 법률상담가는 미풍양속을 해치고 도덕적으로 다수에게 옳지 못하다는 중국 사회의

---

6) 생활사건(life events)이란 생활 속 변화로 새로운 변화에 적응해야 하는 심리적 부담, 즉 스트레스를 주는 사건들을 뜻한다. 이러한 사건 중 우울증은 특히 상실과 실패를 의미하는 부정적 생활사건(negative life events)에 의해 촉발된다. 이런 부정적 환경요인에는 주요생활 사건, 미세한 생활사건, 사회적 지지 결여가 원인이 된다. 이대웅, 우울증 유발하는 신체적, 성격적 사회적 특성, 〈크리스천투데이〉, (2011. 10. 14) http://www.christiantoday.co.kr/news/250654.

분위기 때문에 렌항의 사진들은 옳지 못하다고 한다. 법률상담가와의 상담 장면과 자신의 인터뷰 장면은 단편적인 누드 사진뿐만 아니라 렌 항이 겪고 있는 표현의 자유에 대한 고민과 일반적이지 않은 우울에 대 한 감정이 복합적으로 드러난다. 여기에 결말 장면의 반복구성을 통해 불안감은 극대화 되며 관객들로 하여금 우울증에 원인에 대하여 고민에 빠지게 한다.

3) 비선형적 편집의 강조효과

일반적인 다큐멘터리 영화가 사건을 구성할 때는 시간순서에 따라 편 집이 되는 반면에 '시대불화' 는 사건의 구성을 시간의 흐름을 뛰어넘는 비선형 편집기법을 사용하고 있다. 비선형 편집이란 영화, 텔레비전 후 반 작업을 위한 것으로, 비디오 클립 안의 원하는 프레임에 쉽게 접근할 수 있는 현대의 편집 방식이다. 이 방식은 초기에 영화 편집에 쓰였던 "잘라내서 붙이기" 기술과 개념이 비슷[7]한 편집 기술이다.

'시대불화' 는 비선형 편집을 통해서 관객들로 하여금 시간의 순서를 왜곡하여, 일반적인 인간의 선형적인 사고 속에서도 과거를 회상하고 미 래를 연상하는 것을 영상으로 보여줌으로써 영화의 몰입도를 높이는 동 시에 주제를 강조하는 역할을 한다.

---

7) 비선형_편집_시스템, 위키백과, https://ko.wikipedia.org/wiki/

4. 결론

영화 '시대불화'는 누드라는 표현양식으로 자신의 자유와 욕구를 표현하는 렌항이라는 인물을 통해 우울증에 대한 내용들을 표현하고자 하고 있다. 영화의 반복 구성을 통해 관객들에게 렌항 개인적인 요인으로 우울증을 앓게 된 것인지, 중국이라는 사회가 그에게 우울증을 앓게 한 것인지에 대하여 끊임없이 질문한다.

영화에서는 답을 내려주지는 않지만 반복적으로 나오는 결말 장면과 프레임 안에 자전거를 채운 극단적인 클로즈업 샷은 영화를 전체를 대조적인 구조로 구성하고 있다. 사실을 바탕으로 한 렌항의 인터뷰 장면과 현장에서 촬영된 논픽션 필름들은 서로 충돌하며 일반적인 다큐멘터리 영화와는 다른 형식을 보여주고 있다. 또한 과감한 프레이밍과 반복적 화면의 구성, 비선형적 편집 등의 실험적인 구성을 통해 관객들에게 우울증이라는 주제를 뚜렷하게 전달하고 있다.

〈열등감〉의 영화 언어적 재해석

– '여교사'를 중심으로

강 종 모

1. 들어가기

인간은 끊임없이 '나'를 타인과 '비교'한다. 이러한 인간 본성의 기저에 깔려있는 본연의 감정이지만 불행하게도 행복해지기 위해서 '극복'해야 할 대상이 바로 〈열등감〉이다. 김태용 감독은 이러한 감정과 풀어야 할 숙제들을 본인의 작품에 투영함으로써 주목받기 시작한 신인 감독이다. 2017년 부산국제영화제에서 최초 상영은 아니었지만 김태용 감독은 이번 영화제에서 행복해지기 위해 끊임없이 노력하는 한 사람, 그러나 결국에는 엉킬 대로 엉켜 버린 실타래가 극으로 치닫게 되는 한 인간의 비참함을 보여주는 작품 '여교사'를 선보였다. 이 작품은 김태용 감독의 끊임없는 철학적 사고가 투영된 작품이라는 점을 주목할 필요가 있다.

이 글에서는 영화 '여교사'에 이러한 생각들을 어떻게 투영을 시키는지 이론적인 분석을 해보고자 한다. 또한 우리가 행복으로 나아가기 위해 풀어야 〈열등감〉을 어떻게 영화 문법과 영화적 언어로 풀어가고 있는지 살펴보겠다.

1) 열등감의 심리학적 분석

인간은 열등감을 느낀다. 열등감이란 무엇인가? 누구에게도 환영받지 못하는 이 감정은 대체 어디에서 유래하는 것인가? 열등감의 기원과 의미에 관해 심리학자 아들러의 저서 『The Practice and Theory of Individual Psychology(개인심리학)』[1] 에서는 생각보다 근본적이고 철학적 분석과 진단을 내놓았다. 유물론적 자연주의를 표방하며 그가 제시했던 열등감의 기원은, 자연 상태의 인간이 자신의 취약한 생존조건으로 인해 경험해야 했던 심리적 위축과 불안감이었다. 독립생활을 하는 대다수의 맹수들과 달리, 자연 그대로의 인간은 막강한 힘이나 뛰어난 시각, 후각과 같은 생존능력이 결핍돼 있었고, 약육강식의 자연 질서 속에서 경험하게 되는 그러한 물리적 취약과 열세로 인한 불안이나 무기력감이 곧 열등감의 기원이라는 것이다.[2]

이 불리한 삶의 조건 속에서 불안을 극복하고 안전과 적응을 도모할 수 있도록 해주는 두 가지 계기는 그에 따를 때 물리적 취약함을 만회해 줄 정신의 능력과, 삶의 과제를 더욱 효율적으로 해결할 수 있게 만들어주는 공동체 생활이었다. 개체의 생존능력이 취약한 모든 종들이 그러하듯, 단독으로 생존의 과제를 해결할 수 없었던 인간에게 무리를 이루고 정신의 힘을 활용하여 인위적인 삶의 조건을 조성하는 일은 불가피한 일

---

1) '개인심리학'은 아들러가 주창한 심리학 이론으로, 어떤 개인의 성격이나 (문제적) 행동양식, 혹은 특정한 태도나 행위, 심리적 표현 등을 올바로 분석하고 설명하기 위해서는 그 사람의 전인격에 대한 총체적 이해가 선행되어야 한다고 전제한다. 인간의 행동이나 심리현상에 대한 객관적 접근을 위해 가능한 주관적 요소를 배제하고 과학적으로 검증한 일반적 원리나 추상적이고 보편적인 법칙에 호소해야 한다고 주장하는 실험심리학적 접근과 달리, 한 인간의 행동과 심리를 파악하는 것은 개개인의 특수하고 구체적인 생애사 및 삶의 목표와 통각체계에 기반을 둔 개인에 대한 총체적 이해를 바탕으로 가능하며, 그러한 포괄적 이해에 근거하여 문제 상황에 빠진 환자를 이해하고 치료해야 한다는 것이다. Alfred Adler(1959), The Practice and Theory of Individual Psychology, trans. by R. Radin, Littlefield, Adams & Co., Paterson, pp.1-15, pp.23-31.

2) Alfred Alder, 라영균 옮김(2009), 인간이해, 일빛, p.36.

이었던 것이다. 그러나 개인의 삶이 지구라는 행성의 자연환경 속에서 타인과의 연대를 바탕으로 한 공동체적 삶을 통해서만 가능하다는 이유에서, 구체적 현실 속의 인간은 직업, 친구, 성이라는 세 가지 근본과제를 해결해나가는 과정 속에서 생의 의미를 발견하게 된다고 아들러는 말한다.[3]

인간이 직업과 친구, 결혼과 사랑의 문제에 대응하면서 삶의 의미를 발견할 수밖에 없다는 것은, 달리 말해 '공동체의 존속을 가능하게 하는 노동 분화에 참여함으로써 타인의 삶에 공헌하고, 타인과의 유대와 헌신을 통해 서로 관계를 맺어나가는 것[4]이 삶의 의미를 가늠 하는 가장 결정적인 기준이 됨을 뜻한다. 근본적으로 연대적이고 관계중심적인 인간적 삶의 이러한 성격은, 그러나 구체적인 생의 현실 속에서 그 본래성에 역행하는 목표를 설정하게 되면서 갈등과 좌절을 경험하게 된다.

문제의 발단은, 현실에 대한 적응 과정에서 세계와 삶의 의미에 대한 해석의 방향을 결정짓는 일단의 부정적 체험이 '부족과 결핍의 열등한 상태로부터 포만과 만족, 혹은 충분한 가치가 인정되는 상태로 이행해 가려는 인간의 의지의 근본적 성향'으로 하여금 안전과 적응을 보장해 줄 우월한 힘과 지위를 과도하게 추구하도록 한다는데 존재한다. 아들러에 따르면, 한 사람의 삶의 목표는 어린 시절 외부세계로부터 받은 인상에 의해 형성된 세계상과, 이러한 세계상을 바탕으로 삶에 대해 취하게 되는 특정한 입장에 의해 결정된다. 이처럼 세계에 대한 해석과 이를 근거로 조성되는 생의 목표가 인간의 삶에 형태와 성격을 부여하는데, 어떤 경험들은 인생에 대한 빗나간 해석을 유발함으로써 우월함이나 권력

---

3) Alfred Alder, 라영균 옮김(2009), 인간이해, 일빛, pp.35–36.
4) Alfred Alder, 라영균 옮김(2009), 인간이해, 일빛, pp.35–36, pp.121–122.

에 대한 인간의 뿌리 깊은 욕망을 과도하게 증폭시킨다는 것이다. [5]

여러 가지 특수한 상황으로부터 촉발되는 열등의식으로 인해 삶에 대한 왜곡된 의미부여가 이루어지게 되면, 그 여파는 자기 자신의 주변 환경이나 타인과의 상호작용이 어긋나는 것만으로 그치지 않는다. 그릇된 공동체감과 연대의식이 형성되는 것은 물론이고, 스스로에게 해가 되는 빗나간 삶의 목표를 설정하게 될 뿐 아니라, 이러한 목표설정이 다시 삶에 대한 뒤틀린 해석을 유발하는 악순환을 촉발하기에 이른다. 다양한 경로를 통해 열등감에 사로잡힌 사람은 그로부터 비롯되는 긴장과 좌절을 해소하기 위해 우월감을 추구하게 되고, 결국 타인에 대한 비교 우위를 점하는 것이 인생의 유일한 목적이 되고 만다. 과도한 목표설정은 실수나 실패를 용납하지 못하는 경직된 태도나 모든 일에서 남보다 앞서려는 강박을 부르고 결국에는 현실적으로 실현하기 힘든 이 목표에 도달하지 못한 자기 자신을 열등한 존재로 단죄하는 자기모멸의 함정에 빠진다.

2) 영화 문법 - 감독론과 장르론

영화 문법은 영화에서, 현실과 인물을 형상화할 때 논리에 맞게 이어 나가야 한다는 원칙이나 규범이다. 초창기 영화와는 달리 지금의 영화는 이러한 '문법'이라 명명되어지는 일련의 규범들을 통해 그 자체의 예술적, 미학적, 혹은 언어적 해석을 가능하게 한다. [6]

영화를 해석하는 방법은 크게 두 가지로 나눌 수 있다. 하나는 감독론이며, 다른 하나는 장르론이다. 감독론에서는 영화를 감독의 작가적 열

---

5) Alfred Alder, 라영균 옮김(2009), 인간이해, 일빛, p.161.
6) 네이버 국어사전(표준국어대사전) : 영화 문법

망이 투영된 산물로 본다. 문학에서 작가가 펜을 독창적으로 사용하여 자신만의 필체를 남기듯이, 영화감독도 영화 언어를 창의적으로 활용하여 고유의 영상필체를 제시할 수 있기 때문이다.[7] 감독론을 작가론 혹은 작가주의(authorism)라 부르는 이유도 바로 여기에 있다. 작가주의는 영화를 하나의 특별한 언어 체계로 규정하고, 감독의 영화에 대한 통제력을 인정하며, 결국 영화의 자율성과 미래 지향성을 도모한다. 감독 특유의 영상필체는 그만의 고유한 영화관뿐만 아니라 세계관까지 반영된 결과물이다. 작가주의적 영화는 사회적 모순이나 정치적 이슈에 대한 공동체적 문제의식보다는 감독 개인의 철학적 고뇌를 담아낸다. 따라서 작가주의 영화의 결말은 이상주의적 해피엔딩이라기보다는 하나의 개성 있는 방향성이고 과제이며 담론이다.

반면 장르론은 유사한 스토리와 동일한 포맷을 드러내는 영화의 집단을 연구하는 방법이다. 한 무리의 영화에 정립된 틀과 체계화된 내러티브 구조를 들여다봄으로써 그 시대상을 보다 포괄적으로 이해할 수 있기 때문이다. 따라서 장르론의 주요 관심사는 한 명의 감독이 아니라 영화 집단에 공통된 주제와 이에 영향을 끼친 사회적 규범과 문화적 가치다. 하지만 장르에 대해 논한다는 것이 반드시 그 시대의 모든 영화를 언급하는 것은 아니다. 장르론은 단지 장르를 그렇게 부르도록 하는 서사 관습의 체계를 살펴보고, 그 장르에 대한 지각을 가능케 하는 영화 언어의 문법 체계를 분석하는 것이다. 장르영화는 격변하는 사회를 직접 묘사하기도 하며, 현실 도피적 메시지가 얹힌 환상적 드라마로 위장하기도 한다. 이는 삶에서 제기되는 다양한 문제에 대한 나름대로의 응답이며 따라서 장르영화를 본다는 것은 변화하는 시대상을 목격하는 것이다. 이것

---

7) 네이버 지식백과(terms.naver.com) : [영화의 장르와 개념과 장르영화의 문법] 중 '감독론과 장르론'

이 바로 장르영화의 사회화 능력이다.

　감독론과 장르론은 영화를 연구하는데 대표적인 방법이다. 하지만 명확한 이분법적 구분은 성립되기 어렵다. 장르영화 안에도 작가영화가 있으며, 작가주의 속에서도 장르 영화적 특성을 발견할 수 있다. 이처럼 감독론과 장르론은 상호보완적으로 균형을 잡아 왔다.

3) 영화적 언어의 특성

　시각과 청각을 모두 사용하는 영상매체인 영화(혹은 텔레비전, 비디오, 광고 등)는 메시지를 기호화하는 과정에서 문자언어, 음성언어를 통한 언어적 커뮤니케이션과 비언어적 커뮤니케이션이 동시에 이루어진다는 점에서 다른 매체들과는 구별되는 특징을 가진다. 물론 다른 매체들 또한 언어적 요소와 비언어적 요소가 정보의 기호화에 이용되지만, 대개 비언어적 요소는 제한적으로 이용된다. 그러나 영화는 인간의 몸짓, 얼굴 표정, 인상, 의복 등과 같은 비언어적 요소와 카메라의 앵글, 숏, 조명키와 같은 기호적 요소들이 영상 이미지에 포장되어 동시에 전달된다.

　텔레비전 드라마의 언어가 일상성을 향해 있다면 영화의 언어는 예술성을 향해 놓여 있다. 따라서 텔레비전 드라마의 언어는 미디엄 숏이나 클로즈업 숏을 통해서, 카메라 각도는 대개 눈높이와 수평으로 시청자들에게 다가감으로써 일상성을 추구하며 배우들이 사용하는 음성언어는 상징적이기보다는 우리 삶의 현장을 그려내는 데 그 초점이 맞춰져 있다. 그러나 영화의 언어는 롱 숏이나 풀 숏을 통해서, 카메라의 각도는 높은 각도나 낮은 각도에서 수용자들에게 다가감으로써 상징성을 추구

하며 배우들이 사용하는 언어는 텔레비전 드라마 언어에 비해서 훨씬 상
징적이고 함축적이다. [8]

4) 정리

이 글에서는 상기한 감독론과 장르론의 상호보완적 관계를 바탕으로
김태용 감독의 '여교사'가 어떻게 수용자들과 소통하고 있는지 살펴보
고자 한다.

또한 수용자들과 소통을 매개하는 소재인 〈열등감〉이 어떻게 영화적
으로 재해석되고 앞서 언급한 영화 언어로 시·청각화되고 있는지, 또한
그것을 극대화시키는 위한 방법과 열등감에서 시작된 감정이 자기모멸
에 이르는 과정을 어떻게 영화 문법적으로 녹여냈는지에 대해 살펴보고
자 한다.

2. 단일감각 텍스트에서 복수감각 텍스트로의 변화

1) '여교사' 서사구조 분석

먼저 김태용 감독의 '여교사'의 전체적인 서사를 분석해보고 이에 따
라 각 시퀀스에서 중요한 부분을 중심으로 주인공이 가지는 〈열등감〉과
그것에서 시작되어 자기모멸에 이르는 일련의 과정들이 어떻게 영화적

---

8) 이태영 외(2000), 언어와 대중매체, 신아출판사, pp.36-37.

언어로 표현되는지 살펴보고자 한다. 〈표1〉은 '여교사'의 서사구조를 아리스토텔레스의 『시학』에 나오는 〈3막 구조〉[9]로 정리한 것이다.

〈표1〉 '여교사'의 서사구조

막	플롯과 내러티브	
1막 (Act1)	효주(캐릭터) 소개	· 수업 중인 계약직 여교사 효주가 등장하고, 이런 효주를 애타게 찾는 정규직 교사(출산을 앞둔 통증을 호소하고 있는). 이런 효주를 무시하듯 이야기하는 동료 교사들.
	배경 및 처한 상황	· 계약직 교사 부당한 현실. · 출산 후 바로 계약직 교사들에게 추가 계약 사항이 있다는 것을 알려주고 부당한 사인을 하게 한다. · '정교사가 되기 전까지는 결혼할 생각 접어요. 철없는 짓이야.' · 출산 휴가를 간 정규직 교사의 빈자리를 개인적 사정이 있어서 담임은 할 수 없다고 말했던 계약직 교사 효주에게 맡긴다. · 결국엔 임시 담임을 맡게 된 효주. 처음으로 반에 들어가서 학생들의 얼굴을 둘러보다가 신재하라는 학생이 없다는 사실과 그가 무용특기생이라는 사실을 알게 된다.
	재하(캐릭터) 소개	· 등장인물의 대사로만 등장했던 '재하'라는 캐릭터의 시각화. · 재하와 효주와의 첫 만남.

---

9) 영화의 3막 구조 : 1막은 이야기가 시작되는 장으로 배경과 인물의 소개가 이루어진다. 이 뿐만 아니라 영화 전체를 통해 해결해야 하는 문제나 사건의 발단이기도 하다. 1막은 주로 행동의 최초 동기로 시작되는데 이 최초의 동기는 스스로 시작되면서 동시에 인간의 의지로 수행되는 사건이기도 하다. 따라서 전체 이야기가 진행되는 속도나 톤은 대개 1막에서 짐작할 수 있다. 2막은 갈등이나 대립의 장이라고 할 수 있다. 2막의 사건들은 대부분 원인과 그에 따른 결과, 즉 인과관계를 따라 이루어진다. 여러 등장인물들 간의 갈등이 생기고 드러나는 과정 속에서 주인공은 핵심 사건과 위성 사건들을 경험한다. 위성 사건들은 주인공이 핵심 사건으로 다가가게 하는 계기들을 제공하기도 하고 주인공은 문제를 해결하기 위해 반대자들과 갈등을 이루면서 고군분투한다. 3막은 모든 갈등이 해소되고 영화 전체의 문제의식이나 주제가 드러나는 대단원의 단계이다. 김윤아(2016), 영화와 스토리텔링, 아모르문디, pp.23-26.

1막 (Act1)	배경 및 상황	· 효주의 직장 밖에서의 배경 및 상황 · 경제적 활동을 하고 있지 않은, 효주에게 의존적인 남자친구의 등장. · 남자친구에게 담임을 맡게 되었다고 이야기하지만, 의존적 성격의 남자친구는 이를 쉽사리 받아들이지 못한다. 경제적 활동을 하지 않는 남자친구를 질타하는 효주. · 효주는 이러한 남자친구 때문에 예민하고, 남자친구는 이러한 효주의 눈치를 본다.(대화의 단절.)
	혜영(캐릭터) 소개	· 출근하던 길 재단 이사장과 함께 교감 선생에게 인사하는 혜영의 모습을 바라보는 효주 · 정교사로 발령받은 혜영을 정식으로 다른 교사들에게 소개하는 모습과 정교사로 발령받을 첫 번째 순위였던 효주의 상실감. (옆 자리 계약직 교사와의 대화를 통해서 효주가 열등감을 가지기 시작하는 계기.) · 효주와 혜영의 관계, 혜영은 같은 대학교 선배라며 친한 척 함.
	인물(혜영)과의 관계 설정	· 회식자리, 계약직 마지막 해임을 알려주고, 이사장 딸인 혜영에게 잘 보여야만 한다고 이야기하는 동료 선생. · 친한 척 하는 혜영과 이를 경계하는 효주(잘 기억이 나지 않는다고 말하는 효주) 냉랭해지는 회식 자리.
	인물(재하)과의 관계 설정	· 재하와 혜영의 재회. · 재하는 학교 체육관에서 맥주를 마시고 취해서 쓰러져 있다. · 갑자기 효주에게 키스를 하는 재하. 어쩔 줄 몰라 하는 효주. 취해서 가지 말라는 재하. 취한 재하를 집에 데려다 준다. · 집으로 돌아온 효주, 재하의 키스에 대해서 고민하다가 잠이 든다. · 다음날 학교에 출근한 효주는 그때부터 재하에게 눈길을 주기 시작하고, 재하에게 관심을 가지기 시작한다.

		· 화학실에서 재하에게 전 날에 있었던 일에 대해서 물어보는 효주, 그리고 화학실로 찾아온 혜영. 잠깐 재하에게 관심을 가지고 바로 자리를 뜬다.
1막 (Act1)	효주(캐릭터)가 처한 부정하고 싶은 현실	· 학교로 찾아온 효주의 남자친구, 계약직 신분이라서 자신도 자유롭지 못한 곳에 무작정 찾아온 남자친구에게 화를 내는 효주. 대화를 이어가고 싶지 않은 효주. · 눈치 없이 아까 찾아온 사람이 남자친구인지 물어보는 혜영, 혜영과 효주 사이의 감정의 골이 더욱 깊어진다. · 정교사 동료의 내신 수행평가를 채점하라는 부당한 지시. 혜영은 정교사니까 이런 것을 시킬 수 없다고 말하는 것을 듣고는 효주는 본인이 계약직이라서 그런 것이라고 생각한다. · 퇴근하려던 효주는 갑작스런 혜영의 전화를 받고 만나게 된 혜영의 약혼남(민호). → 효주는 더욱 혜영을 미워하게 된다. (혜영과 효주와의 기본적 관계가 극에 다다름, 달리 말해 효주는 감정적으로 약해지기 시작하고, 열등감에 휩싸이기 시작한다.) · 퇴근 후 집에 돌아온 효주는 짐을 싸고 있는 남자친구를 발견하고 대화를 하려고 하지만 대화에 응하지 않는 남자친구. 효주를 붙잡으려고 하는 남자친구. 감정이 상한 효주의 남자친구는 서로가 서로에게 기대하는 것이 없으니 헤어지자고 말한다. → 충격 받은 효주. · 치마를 입은 혜영을 학생이 몰래 촬영하는 모습을 본 효주는 핸드폰을 압수하고 징계에 넘기려고 하자 이 학생은 효주에게 욕설을 하면서 정식 선생도 아니니 빨리 핸드폰을 달라고 대든다.(학생들에게 마저 계약직 교사라고 무시 받는 효주) → 효주 상처 받는다. · 동료 선생들과의 식사 자리에서 학생들이 몰래 촬영한 사진을 혜영에게 보여주면서 혜영을 훈계한다.(지금 차림이 고등학교 교사에 어울리는 것 같냐고) 효주를 빡

		빠하다며 혜영을 두둔하는 동료 교사들. 그리고 혜영은 자리를 뜬다. 재단 이사장의 딸이라는 혜영에게 잘 보이고 싶은 마음에 그렇게 두둔하는 걸 아는 듯이 효주는 "쟤 부모는 쟤 부모고, 쟤는 쟤인 거죠. 시대가 어느 시댄데."라고 말한다.
구성점 1	결정적 사건의 계기	· 효주는 혜영과 재하의 부적절한 관계를 목격한다. · 우연히 한 대학의 콩쿨이 열리고 이 콩쿨에서 입상을 하면 특기생으로 대학에 갈 수 있다는 것을 알게 된 효주는 이 사실을 알려주기 위해서 재하가 있는 체육관으로 찾아간다. 재하가 연습하는 곡이 스피커에서 흘러나오고 있었지만, 재하를 찾아볼 수 없다. 효주는 재하를 찾기 위해 준비실 쪽으로 자리를 옮기는데, 혜영과 재하가 부적한 관계를 가지고 있는 것을 목격하게 된다. 적지 않은 충격을 받지만 이러한 사실이 본인이 혜영을 이길 수 있는 계기라고 생각하고 바로 뒤돌아서 나오게 된다. · 다음날 아침 교사회의 시간 옆 학교에서 교사와 불미스러운 관계를 맺다가 들통 나서 관할 교육청에서 난리가 났다는 소식을 전하는데 효주는 뚫어져라 혜영의 뒷모습을 바라본다.
2막 (Act2)	효주와 혜영의 갈등의 시작	· 교사 회의가 끝난 후 효주는 혜영에게 업무 관련해서 꼭 알려줄 것이 있으니 잠깐 보자고 한다. 혜영은 이를 흔쾌히 받아들인다. · 효주는 혜영의 집안, 외모, 약혼자 등 혜영이 가진 모든 것을 부러워하는 듯 비꼬면서 혜영과 재하의 부적절한 관계를 알고 있음을 밝힌다. 혜영은 이를 부정하려고 하지만 "어젯밤, 체육관." 딱 이 두 마디를 던진 효주에게 아무 말도 하지 못하는 혜영. 두려워진 혜영은 효주에게 잘못했다며 눈감아 달라며 부탁한다. 인생이 끝장나 버리는 것이 두려운 혜영. 효주는 이해한다고, 마지막 경고라고 말하지만 이를 혜영의 약점으로 생각하고

		이를 가지고 혜영을 주무르려고 한다.
		→ "눈 감겠다는 이야기는 안했는데?"
		· 조퇴하는 혜영을 바라보는 동료직원들 → 혜영을 부러워 함.
		· 뒤에서 혜영을 바라보고 있는 효주. 혜영이 탄 차가 가고 재하가 건물 밖으로 나와서 그 뒤를 쳐다보면서 우두커니 서있다. 이러한 모습을 모두 바라보고 있었던 효주.
2막 (Act2)	효주와 재하의 관계 심화	더 이상 체육관에서 무용 연습을 할 수 없게 된 재하.
		→ 재하를 무용 개인 레슨을 보내려 한다.
		→ 효주는 콩쿨에서 입상할 생각이나 하라며 부담스러워 하는 재하를 다독인다. · 재하가 레슨을 받고 있는 농안 혜영에서 온 문자메시지를 보게 된 효주는 재하의 핸드폰의 통화목록까지 살펴보게 되고 창문 밖으로 핸드폰을 집어 던져 버린다.
		· 레슨이 끝나고 친구와 대화를 하던 중 효주는 의미심장하게 "제자 아니야" 라고 말한다.
		· 효주는 핸드폰을 찾는 재하에게 교실에서 잃어버린 것 아니냐며 태연하게 말한다.
	효주와 혜영 갈등 심화	· 재하에게 콩쿨 지원서를 작성하게 하는 효주. 그리고 이를 바라보고 있는 혜영, 그런 혜영과 눈이 마주친 효주는 의아한 듯 표정을 짓는다.
		· 수학여행, 동료 선생들끼리 도시락을 먹다가 멀리서 지나가는 혜영을 부른다. 그 자리에 앉은 혜영은 그 자리가 불편하기만 하다.
		→ 혜영과 효주는 눈이 마주치지만 효주는 혜영을 비웃는다.
		· 그 자리에 있던 동료 선생(남)은 지나가던 재하를 보게 되고 둘에게 재하에 대한 안타까움을 늘어놓는다. 효주가 재하의 레슨비를 내준다는 소식을 들었다고 하자 효주는 당연한 일을 한 것일 뿐이라고 말하며 미소 짓는다.(바람직한 사심)

2막 (Act2)	혜영의 불안감 심화	·약혼남에게 낮에 효주에게서 전화가 왔다는 소식을 듣고 놀라는 혜영. 개인적으로 효주가 만나자고 했다고 하자 혜영은 깜짝 놀라며 약혼남을 몰아친다. ·효주의 집으로 찾아가 도움을 요청하는 혜영. 그냥 모른 척 지나갈 수 없었냐고, 원래대로 돌아가고 싶으니 도와달라고 부탁한다. [비가 온다.] [음악이 거세진다.]
	재하, 효주에게 호감을 표현하기 시작	·보고 싶은 공연이 있으니 같이 가자고 말하는 재하. 효주는 이를 거절하는 듯 했으나 재하가 재차 물어보자 이를 흔쾌히 수락한다. ·재하는 효주에게 자신이 차고 있던 손목시계를 효주에게 선물한다.
	재하와 효주의 비밀연애 시작.	·함께 공연을 보러 갔다가 집으로 돌아가려는 재하와 효주. 재하는 오늘 집에 들어가지 않을 것이니 시내에 가까운 찜질방에 내려달라고 한다. 효주는 선생으로써 걱정된다는 핑계를 대며 자신의 집으로 함께 가자고 제안한다. ·재하와 함께 있는 효주의 집에 효주의 남자친구가 들어오려고 한다. ·재하에게 둘이 갈등이 있음을 보여주게 되고. 효주의 전 남자친구도 재하의 존재를 목격하고 놀란다. 재하는 이를 담담하게 지켜보고 있다. ·잠을 뒤척이던 효주는 거실에서 자고 있던 잠시 머뭇거리다가 재하의 머리를 쓰다듬는다. 잠에서 깬 재하는 효주를 빤히 쳐다보가다 일어나서 키스한다. → "선생님, 제가 애인해드릴까요?" ·효주의 수업시간, 재하는 수업하는 효주를 보면서 미소를 짓는다. 점심시간이 되면 둘은 따로 효주의 차로, 은밀한 곳으로 가서 사랑을 나누기도 한다.
	혜영의 열등감	·교무실에서 혜영은 효주의 손목에 있는 재하의 손목시계를 발견한다.

	재하는 효주를 사랑하지 않는다?	· 콩쿨 전 날, 효주에게 늘 받기만해서 미안하다고 말하는 아버지에게 재하는 "걱정 마, 늘 받기 만 하는걸 아니야." 라고 말한다.
2막 (Act2)	재하는 효주를 사랑한 것이 아니었다.	· 재하의 콩쿨 당일, 재하의 무대를 촬영하다가 혜영이 그 자리에 있는 것을 발견한 효주. 갑자기 혜영이 사라진 것을 알게 된 효주는 재하를 찾기 위해 대기실로 갔지만 재하도 없다. · 혜영은 학비, 생활비 모두 내줄테니 이제 자신에게 그만 오라고 말한다. 재하는 효주를 좋아하는 척 하기만 된다고 하지 않았냐고 반박한다. 혜영은 너도 알고 있듯 자신은 선생이니까 원래대로 돌아가자고 말한다. · 콩쿨 수상자를 발표하는 장면과 이를 지켜보는 효주. · 재하는 울고 있는 혜영을 안아준다. 혜영은 무섭다고, 살려달라고 울면서 말한다. 재하는 조용하게 옆에 있으면 되는 것 아니냐고, 자신을 이용해도 괜찮으니까 가라고만 하지 말라고 말한다. → 혜영과 재하의 키스. · 재하의 집 근처, 효주는 차 안에서 재하의 집을 지켜보고 있다. 효주는 혜영이 재하를 집에 데려다 주고 재하가 혜영에게 키스하는 것을 목격하고 충격을 받는다. · 효주는 재하가 등교하는 것을 보고 전화를 하지만 재하는 발신자를 확인하고 전화를 받지 않는다.
	효주의 불안과 재하의 고백	· 콩쿨 붙었고, 대학진학 문제가 해결됐으니 이제는 자신이 필요 없는 거냐며 물어보는 효주. 재하는 선생이 제자에게 바라는 게 그것밖에 더 있냐며, 아쉬울 건 하나도 없지 않냐고 한다. 재차 효주는 그냥 선생님일 뿐이었냐고, 자신을 사랑하지 않았냐고 물어보자 재하는 웃으면서 그런 말한 적 없다고 말한다. 그냥 선생님이 시키는 것 밖에 한 적 없다고. · "혹시, 저한테 뭘 바라고 베푸신 건 아니죠? 설마 선생이 돼서" → 효주는 운다. 이런 효주를 보고 재하는 자신이 피해

2막 (Act2)		자인데 왜 이 상황에서 당신이 우냐는 말을 남기고 자리를 뜬다.
	효주의 불안 심화와 현실 부정, 그리고 찾아오는 현실적 어려움.	· 혜영에게 재하를 다시 만나지 않겠다고 하지 않았냐고 물어보는 효주. 혜영은 오히려 당당하게 신고를 하던 뭘 하던 마음대로 하라고 한다. "선생님, 선생님은 깨끗하세요?" · 혜영은 효주에게 이때까지 효주가 대신 내줬던 재하의 레스비를 준다. · 효주는 육아휴직을 갔던 정규직 선생님이 다시 돌아오면서, 현실적불안감을 느낀다. · 교감 선생님은 재단에서 더 이상 효주를 선생으로 고용하고 싶지 않아한다고 말한다. "추 선생이랑 친하지 않았나?"
	효주의 굴복	· 효주는 혜영에게 다 미안하다며 괜한 열등감에 싸늘하게 굴고, 재하와 있었던 일도 다 미안하다고. 실수를 한 것 같다고 무릎을 꿇는다. 아직 이 학교를 떠나고 싶지 않다고... · 혜영은 그냥 없었던 걸로 하자고 제안하고 학교 문제는 자신이 이사장인 아버지에게 잘 말해 둘 테니까 걱정하지 말라고 한다. → 이런 둘의 모습을 이상한 눈으로 쳐다보는 학생들. 그리고 이를 직감한 효주는 무언가에 홀린 듯 멍하다.
구성점 2	비극의 시작	· 혜영은 효주를 자신의 신혼집으로 데려와서 하녀처럼 부리지만 이런 혜영의 행동에도 불구하고 효주는 고분고분 따른다. · 혜영은 효주에게 묻지 말아야 할 것을 물어본다. "언니, 정말 재하 사랑했어?" "그런 핏덩이를 어떻게 사랑해, 잘 때나 좋은 거지..." "근데 재하가 그러더라, 언니가 자기 진짜 사랑하는 거 같다고." 점점 커지는 물 끓는 소리.

3막 (Act3)	극단적 선택	· 효주는 끓는 물을 혜영의 얼굴에 부어버리고 고통스러워하는 혜영을 멍하니 쳐다본다.
	열등감과 질투의 끝.	· 목욕을 하는 효주. 그리고 재하가 준 손목시계. 그리고 재하가 효주에게 했던 말들이 흘러나온다. · 혜영의 핸드폰으로 재하에게 보고 싶다고 문자메시지를 보낸다. · 초인종이 울리고 현관문이 열렸는데 효주가 서있자 놀라는 재하. 불안을 직감한 재하는 혜영이 어디 있는지 물어보는데 일단 들어오라는 효주. 황급히 들어와 혜영을 찾지만 혜영은 보이지 않는다. 밥부터 먹자는 효주. · 혜영은 너(재하)를 사랑한 게 아니라고 말하는 효주. "거짓말 그만해. 너 나한테 진심이었잖아. 우리 좋았잖아. 우리 다시 돌아갈 수 있어." · 억지로 재하를 안으려 하지만 재하는 이를 뿌리치고 혜영만 찾는다. "당신은 나한테 선생도 여자도 아니야. 악마야, 악마" · 재하는 사랑하지 않아도 관계를 맺을 수 있다며, 억지로 관계를 맺는다. ("사랑하지 않아도 이런 거 할 수 있어." "나 이래도 선생님 사랑하지 않아." →효주는 운다. · 효주가 떠난 뒤 일그러진 얼굴로 죽은 혜영을 발견한 재하는 오열한다. · 효주는 혜영의 집에서 나와서 아무렇지 않은 듯 학교로 출근한다. 출근한 혜영은 샌드위치를 한 입 먹으며 학교로 출동한 경찰차를 바라본다.

〈표1〉은 '여교사'의 전체적인 줄거리를 플롯과 시퀀스별로 분석한 것이다. 1막에서는 효주, 재하, 혜영을 소개하고 각각 이들을 둘러싼 배경 및 상황에 대해서 언급한다. 또한 갈등의 계기를 만들고 이들 사이에 관계를 설정한다. 특히 효주와 혜영의 관계에서 효주가 느끼는 열등감을

다양한 영화 언어인 언어적·비언어적 기호를 통해서 마지막까지 이어 나가게 한다. 2막에서는 본격적으로 효주와 혜영, 효주와 재하, 재하와 혜영 사이의 갈등이 시작되고 점차 심화된다. 갈등이 해결되는 과정에서 효주의 심리상태에 대한 영화 언어로의 표현이 대단히 섬세히 녹아 있었다. 3막에서는 열등감에서 시작되어 결국에는 자기모멸에 빠진 효주가 살인이라는 극단적인 방법으로 그 상황에서 벗어나고자하는 모습을 보여준다.

2) 〈열등감〉의 영화 언어적 표현

〈표1〉의 '여교사'의 서사구조 중에서 주요 부분을 추출하고 이를 바탕으로 주인공 효주의 열등감에서 시작된 감정과 자기모멸에 이르는 일련의 과정이 어떻게 대사와 같은 언어적 기호와 카메라 샷과 같은 비언어적 기호를 아우르고 있는 영화 언어로 표현되는지 살펴보자.

〈표1〉의 '1막 – 효주(캐릭터)가 처한 부정하고 싶은 현실'에서는 영화 초반부에서 소개된 주인공 효주가 열등감에 휩싸이게 되는 몇 가지 사건들을 보여준다. 계약직 교사의 부당한 현실과 효주로 하여금 열등감을 느끼게 하는 혜영과의 만남과 그녀의 얄미운 행동, 효주와 효주의 남자친구와의 다툼 등과 같은 그녀의 부정적 체험이 '부족과 결핍의 열등한 상태로부터 포만과 만족, 혹은 충분한 가치가 인정되는 상태로 이행해 가려는 인간의 의지와 근본적 성향'으로의 모습을 설정하는 장치로써 작용한다. 김태용 감독은 부정적 체험을 하게 되는 효주의 모습을 조금 더 세부적으로 묘사하기 위해 그만의 영상필체를 남긴다.

수용자는 직관적으로 이를 수용하게 되는데 그 단편적인 예시가 바로 카메라의 떨림이다. 고정된 안정적 프레임이 아니라 불안정하게 떨리고 있는 프레임을 수용자에게 제시함으로써 효주는 불안한 존재임을 표현한다. 또한 이러한 불안정한 프레임과 더불어 롱 샷과 미디엄 클로즈업 샷, 혹은 클로즈업 샷을 교차적으로 보여준다. 특히 학교에서 발생하게 되는 부정적 체험을 보여주는 롱 샷과 미디엄 클로즈업 샷의 교차, 그리고 불안정한 카메라의 떨림이 나타나는데 이는 '학교'라는 공간이 계약직 교사인 효주에게 안정을 주기 어려운 공간임을 암시한다. 대부분의 시퀀스가 끝날 무렵에는 효주의 얼굴을 클로즈업 샷으로 보여주는데 이로써 수용자는 비언어적 기호로 표현된 효주의 심리상태를 효주의 얼굴에서 읽을 수 있게 된다.

〈표1〉의 '1막-효주(캐릭터)가 처한 부정하고 싶은 현실'의 마지막 부분에서 감독은 각 사물들 사이에 효주를 고립시키는 구도를 선택한다. [그림1]에서 보듯이 효주의 고립은 그녀의 부정적 체험이 극단에 다다랐고 열등감을 가지게 되었다는 것을 수용자들에게 알려주는 일종의 영화적 언어이다.

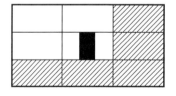

샷의 방향 : ↘

■ : 주인공의 위치

▨ : 주변 사물에 의한 수용자의 시야 방해

[그림1] 시야 방해 카메라의 구도와 샷의 방향 1

〈표1〉의 '구성점1-결정적 사건의 계기'는 효주가 열등감으로부터 비롯되는 긴장과 좌절을 해소하기 위한 우월감을 갖게 되는 계기를 보여준다.

이 장면 내에서 나오는 배경음악은 특정한 분위기를 만든다. 배경음악이라는 비언어 기호는 이후의 시퀀스에서도 빈번히 등장하면서 그 시퀀스의 초반 분위기를 잡아주는데 중요한 역할을 한다. 가장 중요한 장면에서는 그 소리가 더욱 증폭되거나 고요해짐으로써 중요한 장면을 수용자에게 알려준다.

이와 같이 장면 내에서 흘러나오는 배경음악으로 만들어진 분위기에 미디엄 클로즈업 샷을 이용한 배경과 인물과의 관계를 극대화 시키는 영화 언어(기호적 요소)를 사용한다. 체육관과 밤이라는 배경이 효주로 하여금 우월감을 갖게 하는 계기가 될 것이라는 암시를 표현한 것이다.

효주가 최초 목격하는 혜영과 재하의 부적절한 관계(정사신)는 [그림2]와 같은 카메라 구도로 보여준다. 같은 프레임 안에 있는 사물을 주인공 앞에 두는 구도를 통해 수용자도 효주와 마찬가지로 숨어서 그들의 관계를 목격한 것처럼 만든다. 그리고 청각적으로 혜영과 재하의 숨소리를 강조하고 이후에 배경음악을 삽입함으로써 분위기를 더욱더 극대화한다. 또한 그들의 관계가 부적절하고 이를 효주가 목격했다는 것을 알고 있는 수용자의 불안감과 효주의 심리적 불안감을 카메라의 떨림으로 표현한다. 점점 카메라의 떨림은 줄어들고 안정적인 프레임으로 변환되고, 효주의 표정이 극단적으로 클로즈업 되는데, 이는 효주가 열등감으로부터 비롯되는 긴장과 좌절을 해소하기 위한 우월감을 가졌음을 드러내는 영화 언어이다.

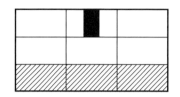

샷의 방향 : ↑

■ : 주인공의 위치

▨ : 주변 사물에 의한 수용자의 시야 방해

[그림2] 시야 방해 카메라 구도와 샷의 방향 2

〈표1〉의 '2막-효주와 혜영의 갈등의 시작'에서는 효주의 우월감을 주로 "눈 감겠다는 이야기는 안했는데?"와 같은 언어적 요소로 표현한다. 또한 혜영을 깔보는 표정, 꼿꼿이 서 있는 모습과 같은 비언어적 요소를 적절히 수용자에게 보여줌으로써 효주의 우월감을 드러낸다.

특히 처음 화학실에서 효주는 앉아서 혜영을 올려다보는데 이는 효주가 우월감을 과시하는 언어적 요소와 조금은 이질적인 구도이다. 언어적으로는 혜영에게 우월감을 과시하고 있지만 효주가 혜영을 올려다보는 구도를 취함으로서 혜영이 더 우월하다고 느끼는 효주의 열등감을 잘 드러낸 것이다. 그러나 이내 일어나는 효주의 행동과 [그림3]처럼 살짝 아래에서 인물을 비추어 클로즈업하는 모습은 효주의 우월감을 드러내는 데 충분한 영화적 기법이다.

카메라의 떨림 부분 역시도 효주의 우월감을 표현하고 있는데, 앞서 이야기 했던 1막이나 구성점 1에서 보였던 불안정한 프레임은 보이지 않는다. 오히려 안정적인 프레임을 유지하고 안정적이다 못해 단단해 보이기까지 하는 촬영 기법을 이용하고 있다.

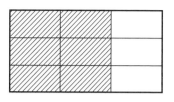

샷의 방향 : ↘ (위에서 아래)

▨ : 주인공의 위치

[그림3] 우월감 과시를 위한 카메라 구도와 샷의 방향

〈표1〉의 '2막-재하와 효주의 비밀연애 시작'에서는 인물들 간의 대화를 통해서 사건을 전개하고 있다. 고정된 앵글과 프레임을 배치하고 수용자로 하여금 인물들의 대화에 집중할 수 있는 환경을 만들어 준다.

비언어적 요소로는 배경음악의 삽입과 인물의 클로즈업 샷이 주를 이루는데, 이전의 클로즈업 샷과는 다른 의미로 사용되고 있다. 이전에는 다른 언어적, 비언어적 기호를 통해서 주인공의 심리를 추측한 후 영화 언어(기호적 요소)를 통해 추측한 바를 검증하는 단계를 거쳤다면 이 장면에서는 클로즈업 샷만을 통해 수용자가 인물의 세밀한 표정변화, 행동 등을 관찰하게 만들고 이를 통해 주인공의 심리 상태를 추측하게 만들지만 적당한 검증 단계를 거치지 않는다.

효주의 전 남자친구가 효주의 집에 방문하는 장면에서는 [그림4]처럼 인물을 배치하는데 이러한 배치는 수용자에게는 직관적인 불안감을 느끼게 하고 또 다른 측면으로는 효주의 고립을 나타내는 장치로 사용된다.

또한 1막에서 효주의 부정적 체험에 일조했던 전 남자친구가 다시 등장하는 것 역시 다시금 효주가 더 심화된 부정적 체험을 하게 되고 그에 따라 자기모멸의 과정에 이르게 된다는 복선으로 기능하게 하려는 감독론적 설정이다.

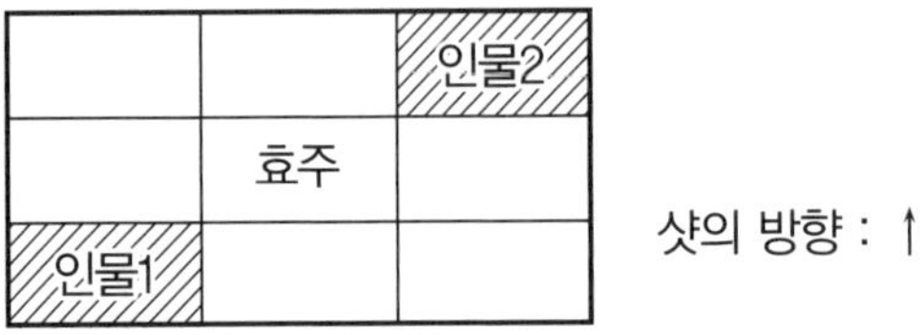

[그림4] 2막의 주된 인물 배치와 구도

〈표1〉의 '2막-재하는 효주를 사랑한 것이 아니었다.' 의 모든 구도는 수용자로 하여금 등장인물들을 관찰하게 한다. [그림5]와 같은 카메라의 구도와 프레임 배치는 수용자가 효주 대신 혜영과 재하의 모습을 관찰하게 만들기도 하고 효주의 시선에서 그들을 함께 관찰하게 만들기도 한다. 이렇게 효주의 입장에서 관찰한 수용자는 효주와 자신을 동일시하면서 효주가 느끼는 질투, 증오, 불안, 열등감, 나아가 자기모멸에 이르는 감정을 고스란히 느끼게 된다.

[그림5] 인물의 관찰적 표현을 위한 프레임 배치

또한 재하의 콩쿨 장면에서는 혜영을 발견한 효주의 클로즈업 샷과 재하의 클로즈업 샷이 교차하여 나오게 되고 표정의 변화로 효주의 심리를 수용자에게 전달한다. 이러한 전달 과정에서 배경음악을 삽입함으로써 효주의 불안감을 배가 되게 만든다. 카메라는 효주의 시각을 따라가며 배경을 비추는데 이로써 수용자와 효주의 동일시를 이루면서 효주의 불안감을 수용자가 더 잘 느낄 수 있도록 만든다.

〈표1〉의 '2막-효주의 불안과 재하의 고백'을 보면 효주가 우월감을 가지게 된 장소인 '체육관'에서 효주는 재하의 변해버린 모습을 보고 또 다시 열등의식을 가지게 된다. 우월감을 가졌던 장소에서 다시 열등의식을 가지게 되는 공간 '체육관'을 강조하기 위해 감독은 배경을 강조하는 구도를 사용한다. [그림6]처럼 처음에는 롱 샷으로 두 인물을 가운데 배치하고 배경을 더 많이 보여주다가 서서히 줌인을 하면서 그들의 대화에 몰입할 수 있게 한다. 효주의 실망과 실패를 극단으로 보여주기 위해 클로즈업 샷을 사용하여 효주의 모든 감정을 수용자가 읽을 수 있도록 한다. 재하와 체육관은 그의 꿈을 위해 준비했던 공간이고 혜영과의 사랑을 나누었던 특별한 공간이었다. 따라서 재하는 인물과 배경의 관계를 전달하기 위해 미디엄 클로즈업 샷을 이용한다.

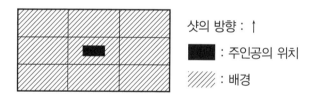

[그림6] 공간을 강조하기 위한 카메라 구도

또한 효주의 심리적 공허함을 표현하는데 전체적 구도가 사용되었다. [그림7]처럼 전체 프레임에 효주와 재하가 클로즈업 되어 있다가 재하가 프레임 밖으로 나감으로써 여백이 커지고 이러한 여백으로 효주의 공허함, 실패가 강조된다. 이와 더불어 비장한 배경음악은 효주의 공허함을 역설적으로 표현하면서 이를 배가시키는 역할을 한다.

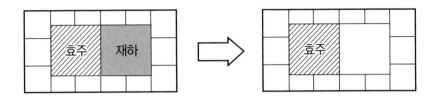

[그림7] 프레임의 여백을 통한 공허함 표현

〈표1〉의 '2막-효주의 불안 심화와 현실 부정, 그리고 찾아오는 현실적 어려움.'에서는 앞서 언급했던 카메라의 떨림과는 차원이 다른 떨림으로 효주가 극도로 불안해하고 상황이 극에 다다르고 있음을 수용자에게 알려준다. 카메라와 등장인물의 시선이 수평이 되게 함으로써 수용자는 효주와 동일시된다.

2막의 마지막 부분인 이 플롯에서는 같은 장소에서 우월성의 상실이라는 것을 보여준다. '화학실'이라는 공간은 효주에게 혜영으로 하여금 우월성을 부여한 공간이자 효주의 자존감이 표현된 공간이라 할 수 있다. 이러한 공간에서 카메라의 떨림은 효주의 좌절과 자존감 하락을 나타내는 영화 언어이다.

효주의 시선을 대변하는 카메라의 앵글도 2막의 처음과 달라졌는데, 2막 처음의 앵글은 혜영을 하이앵글로 보여주었다면 지금은 로우앵글로 보여준다. 이는 효주의 열등감 심화, 우월감 추구의 실패를 나타내고 혜영이 다시 우월성을 가지게 되었다는 것을 보여주는 것이다.

또한 혜영과의 대화가 끝난 뒤 롱 샷으로 효주의 모습을 비추는데, 이 장면의 효주와 효주를 둘러싸고 있는 사물들의 배치를 통해서 효주를 고립시키는 구도를 보임으로써 효주의 고립과 순간적 자기모멸에 대한 감정을 수용자가 함께 느끼도록 만든다.

〈표1〉의 '구성점2-비극의 시작'과 '3막-극단적 선택'에서는 결국 자기 자신을 열등한 존재로 단죄하는 효주의 모습을 수용자가 느끼는 혜영의 우월감을 통해 우회적으로 드러낸다. 재하에 대한 자신의 진심이 비웃음거리가 되었다고 생각하는 효주의 이러한 감정 상태는 클로즈업 샷으로도 드러난다.

이러한 클로즈업 샷과 더불어 모든 청각적 요소의 삭제를 통한 먹먹함의 전달은 진정으로 효주가 현실과 단절되고 고립되었음을 드러낸다. 이어 들리는 물 끓는 효과음과 끓고 있는 주전자의 클로즈업 샷은 효주의 심리상태가 극단에 이르렀음을 나타내고 다음 행동에 대한 긴장감을 주는 요소라고 할 수 있다.

그리고 끓는 물을 혜영의 얼굴에 부어버리는 효주의 행동을 통해서 열등감으로 시작된 이 감정이 결국엔 자기모멸에 이르렀음을 수용자로 하여금 확실시하게 만든다.

3. 요약 및 결론

지금까지 '여교사'에 깔려있는 〈열등감〉을 아들러의 '개인심리학'의 관점에서 분석하였다.

1막에서는 주로 부정적 체험과 효주가 겪는 부족과 결핍을 동시다발적으로 수용자에게 제시함으로써 수용자가 효주의 〈열등감〉에 대해 인지할 수 있도록 했다. 김태용 감독은 카메라 샷을 적절히 교차 사용하여 배경과 인물의 관계에 대해서 말하거나 카메라 떨림을 불안을 표현하는 요소로 사용하는 등 다양한 영화 언어를 사용하였다. 또한 사물과 인물의 배치 등과 같은 구도를 통해서 부정적 체험이 극단에 다다랐고 〈열등감〉을 가지게 되었다는 신호를 보내기도 한다.

구성점1과 2막에서는 플롯의 분위기를 만들어내기 위해 배경음악을 삽입하거나 청각적 요소가 갑자기 증폭, 혹은 삭제됨으로써 극의 흐름을 수용자가 파악할 수 있도록 하였다. 불안정한 프레임과 카메라 앵글 등을 통해서 〈열등감〉을 극복하기 위한 효주의 우월감 추구를 보여주기도 하고, 혹은 우월감의 박탈을 보여주기도 하였다. 또한 구도를 통해 실패와 목표의 재설정이 반복되면서 결국에 자기모멸에 이르는 과정으로 가고 있음을 표현하기도 하였다. 특히 실패와 목표의 재설정이 반복될 때 구도는 극단적으로 프레임에 여백을 많이 주면서 실패에 대한 상실에 대해서 강조하였다.

구성점2와 3막은 결국 효주가 자신을 열등한 존재로 단죄하고 자기모멸에 빠지는 모습을 클로즈업 샷과 청각적 요소의 삭제를 통한 먹먹함의 전달로 드러낸다. 비언어적 요소를 통해서 효주의 다음 행동을 암시하기도 하고 효주가 내린 극단적 선택을 통해서 수용자가 〈열등감〉에서부터 자기모멸에 이르는 과정에 대해서 다시금 생각할 수 있는 기회를 제공하였다.

'여교사'는 대사와 같은 언어적 요소와 더불어 전반적으로 카메라의 샷, 전체적인 화면의 구성(구도), 인물을 바라보는 앵글, 화면의 떨림이라는 비언어적 기호를 사용하여 수용자가 등장인물의 열등감에 대해서 잘 파악할 수 있도록 도와주었다. 우리나라에서는 고등학생과 여교사의 사랑이라는 소재가 문화적으로 받아들여지기 어렵기 때문에 이에 대한 비판을 면하지 않을 수 없었다. 그러나 단순히 표면적인 내용에만 머물지 않고 그 심층적인 의미를 파악한다면 인간이 가지는 본연의 감정에 대한 감독의 철학적 고뇌를 다양한 영화 언어를 통해서 잘 표현한 작품이라 할 수 있다.

'아름다운 별'의 커뮤니케이션 방식에 대한 기호학적 연구

이 동 욱

1. 들어가기

모든 영화는 주제를 전달하고, 이를 전달하는 커뮤니케이션 방식도 다양하다. 그리고 커뮤니케이션 방식에 따라 주제를 전달하는 효과도 차이가 난다. 영화의 '핵심 메시지'[1]를 파악하고 무엇이 적절하고 효과적인 커뮤니케이션 방식인지 고찰하는 것은 의미 있는 일이다.

이 글에서는 영화의 언어·비언어 기호를 분석하고 기존 영화의 커뮤니케이션 방식과 어떻게 차이가 있는지 그리고 이러한 차이가 관객에게 어떤 영향을 주는지 살펴보고자 한다. 이를 위하여 기존에 유사한 주제의 영화와 언어적·비언어적 표현 방식에 대한 관련된 다양한 논문을 참조하여 제22회 부산국제영화제에서 상영한 영화 '아름다운 별(요시다 다이하치, 2017)'에 사용된 커뮤니케이션 방식을 기호학적으로 분석하겠다.

영화는 제목과 영화 내용으로 구성된다. 먼저 제목은 영화를 가장 먼저 나타내는 언어적 표현이다. 제목에는 당연히 생산자인 감독의 의도가 들어 갈 수밖에 없다. 영화 내용에서는 캐릭터의 대사와 행동을 중심으로 하여 '아름다운 별'의 커뮤니케이션 방식이 어떤 효과를 전달하는지 살펴볼 것이다.

---

1) 핵심 메시지는 텍스트 생산자에 의해 의도적으로 생산된 언어적 메시지를 말한다. 윤재연(2016), TV 영화 광고의 텍스트 구성 요소 및 구조 연구 ,한국어학 73, pp.90~91.

2. 영화 '아름다운 별'의 소개

영화 '아름다운 별'은 기이한 가족의 특이한 지구 사랑 이야기를 그린 영화이다. 등장인물은 기상 캐스터인 아버지, 생수 판매원인 어머니, 정치인의 보좌관인 아들 그리고 미인대회에 나가려고 하는 딸이다. 평범해 보이는 이 가족을 기이하다고 표현한 이유는 바로 이들이 외계인들이기 때문이다. 어머니만 자신이 지구인이라고 말하고, 아버지는 화성인, 아들은 수성인, 딸은 금성인이라고 각각 주장한다. 이들은 각기 다른 계기로 인해 자신들이 외계인이라고 자각하는데 공통점 점은 가족 모두가 '지구'를 사랑한다는 것이다.

여기에 이 영화의 핵심 메시지가 있다. 바로 '지구 사랑', 구체적으로 '지구의 환경 보존'이다. 기상 캐스터인 아버지는 교통사고를 겪은 이후 자신이 외계인이라는 것을 깨닫게 되는데, 이후에 실시간으로 기상을 예보하면서 돌출행동을 하기 시작한다. 일본 기상을 예보하다가 갑자기 자신이 준비한 멘트와 그림을 가지고 시청자들에게 지구를 지켜달라고 말하는데 이는 실제 영화 관객들에게 말하는 효과를 준다.

어머니는 생수 판매원으로 물의 중요성을 말하고 있다. 물이 몸에 좋다며 가족들에게 물의 중요성을 강조하며 가족들이 아플 때마다 물을 먹인다. 그런데 영화 말미에 그 물이 가죽 공장에서 만들어졌다는 것이 드러나면서 오염된 물로 가족들의 건강이 오히려 안 좋아지는 것이 아닐까 하여 어머니는 회사로 찾아간다.

아들과 딸은 아버지, 어머니에 비해 직접적으로 환경을 강조하는 대사나 행동은 적지만 '대체에너지', '임신'이라는 키워드로 환경에 접근한다. 지구온난화, 물, 대체에너지 등 겉으로는 다르게 보이지만 지구의 환경을 걱정하고 소중하게 여긴다는 것은 같다.

그중에서 영화 생산자인 감독의 '입'을 대신하는 대표적인 등장인물을 아버지라 할 수 있다. 영화에서 나오는 비중도 클 뿐만 아니라 아버지를 중심으로 이야기가 서술되고 아버지가 결국 자신의 별인 화성으로 돌아가는 것으로 영화가 마무리되기 때문이다. 외계인이라는 등장인물을 활용해서 감독이 준 영화의 메시지는 '환경 보존'이다. 아버지가 화성으로 돌아가면서 지구를 바라보게 되는데, 그 지구의 모습은 참으로 아름답다. 외계인이 보아도 아름다운 별, 지구. 지구를 지켜달라는 감독의 메시지는 끝까지 여운으로 남는다. 지구인인 우리가 무심코 지나치는 환경에 대해 경각심을 가지고, 우리 주위에 생기는 작은 변화부터 시작해서 국제적 관심으로 그리고 이 거대한 우주 속에 살고 있다는 인식을 확장하기를 감독은 바라는 것이다.

3. 영화제목의 언어 기호 분석

영화의 제목은 관객이 영화를 수용하는 첫 번째 관문이다. 따라서 영화의 제목은 감독의 메시지를 압축적으로 나타낸다. '아름다운 별'은 제목부터 독특한 언어적 표현이라고 할 수 있다. '아름다운 별'로 표현된 제목은 우리가 생각하는 통념과 반대되는 부분이 있기 때문이다.

우리는 일반적으로 '지구'를 표현할 때 태양계 중 하나의 '행성'으로 생각한다. 그런데 제목에서는 지구를 '별'이라고 부른다. 행성인 지구를 태양계를 넘어 은하계, 우주 속 하나의 별로 보는 것이다. 이는 우주인의 입장, 제3자의 입장에서 객관적으로 지구를 바라보게 한다. 지구인의 눈으로 지구만의 환경을 생각하는 것이 아니라 우주적으로 확장된 시각으로 봄으로써 '아름다운 별' 인 지구의 가치가 우리가 생각하는 것보다 더 크고 중요하다는 것을 드러낸다.

이러한 인식은 영화 속 주인공이 하는 행동에서 구체적으로 나타난다. 기상 캐스터인 주인공이 하는 대사와 행동에 따르면 자신의 사는 지역에만 관심을 갖지 말고 더 넓은 눈으로 환경을 생각해야 한다는 것이다. 이와 같이 넓은 우주 속에 하나의 별로 지구를 바라봐 달라는 감독의 핵심 메시지가 제목에 압축적으로 표현된 것을 알 수 있다.

제목이 나타내는 또 다른 의미는 지구의 환경을 '아름다운 것' 으로 서술하고 있다는 것이다. 이와 비슷한 주제를 다루고 있는 다른 영화들의 경우 '공포' 혹은 '재난' 등을 나타내는 제목을 사용하고 있다.

최근 우리나라에서 개봉한 영화 '판도라(박정우, 2016)' 에서도 원자력 폭발로 작은 지역의 환경이 황폐화된 것이 나타난다. 우리가 제대로 관리하고 감독하지 않는다면 우리가 살고 있는 이곳, 작게는 지역 사회, 크게는 나라가 위험해지는 것을 보여주며 '공포' 의 이미지로 환경을 지키자는 것을 강조한다. 영화 제목인 '판도라' 는 '판도라의 상자' 라는 재앙의 근원이라는 의미로 주로 쓰인다. 재난이나 공포의 이미지로 경각심을 주어 환경을 지키자는 것을 전달한다.

'종말의 시대(자레드 P. 스콧, 2016)' 라는 다큐멘터리 영화도 마찬가지이다. 영화는 물과 식량 부족, 기상이변, 가뭄, 그리고 해수면 상승이 어떻게 불안정성을 가속화하고 갈등의 촉매 역할을 하는지 분석한다. 그리고 이러한 위협과 위험은 지속해서 증가하고 있으며 21세기의 평화와 안정에 대한 커다란 문제점을 암시한다. [2] 이러한 환경 문제에 대해 '종

---

2) 네이버 영화, http://movie.naver.com/movie/bi/mi/basic.nhn?code=159346

말' 이란 극단적인 단어를 사용하여 더 이상 물러설 곳이 없다는 메시지를 통해 관객들을 강하게 압박하고 있다. 또 다른 다큐멘터리 영화 '북극의 눈물(허태정 · 조준묵, 2009)' 에서도 지구온난화에 대한 경고와 지구 환경을 지키지 않으면 '눈물' 을 볼 수 있다는 공포감을 주고 있다.

이렇게 기존의 환경영화의 제목과 달리 '아름다운 별' 의 제목은 우리가 평소에 인식하지 못했던 지구의 아름다움을 제목을 통해 다시금 깨닫게 해주고 있다.

4. 영화의 언어 · 비언어 기호 분석

1) 등장인물

영화에 등장하고 있는 가족은 엄마를 제외하고 모두 '외계인' 으로 표현되고 있다. 외계인이라는 비언어 기호는 의미하는 바가 크다. 기존 영화에 나오는 외계인 캐릭터는 지구인과 적대적 관계로 등장한 것이 대부분이었다. 그래서 영화에서 감독과 관객들 사이에서 공유되는 '외계인' 이라는 비언어 기호는 인간과 적대적인 존재라는 의미를 지니고 있다. 그런데 이 영화에서 외계인이란 존재는 지구인들에게 환경이 위험하다는 메시지를 전달해주는 '협조자' 라는 의미로 새롭게 다가온다.

이렇게 새로운 의미의 기호는 관객들에게 메시지를 효과적으로 전달하는 효과를 준다. 매번 동일한 방식으로 보았던 것들에 대해서는 관객들도 관습화되어 무뎌지기 마련이기 때문이다. 그래서 우리는 환경이 중요하다는 것을 알면서도 그 표현 방식에 있어서 재난이나 공포로 전달하는 것이 다소 부담으로 다가오는 측면이 많았다. 메시지를 전달하는 감독 입장에서는 그 내용이 아무리 중요한 것이라고 판단해도 이를 관객들에게 효과적으로 전달하지 못하면 소용이 없다. 실패한 커뮤니케이션이 되지 않기 위해서 관객들이 호기심과 관심을 가지고 메시지에 접근해야 하는데 이를 위해서는 메시지 자체가 '뉴스', 즉 새로운 것이어야 한다.

영화 '옥자(봉준호, 2017)'도 주목할 만하다. 환경의 부분에서 '동물', '육식'도 중요한 화두이다. 기존에도 동물 보호와 무분별한 육식에 대한 고민을 담은 여러 영화와 다큐멘터리가 많았다. 그런데 영화 '옥자'는 이러한 고민을 담은 메시지 전달 방식이 독특하다. 바로 등장인물인 돼지를 거대하게 표현하면서 동시에 애완동물처럼 표현하여 무자비한 육식 가공에 대해 경고하고 있다. 이 역시도 새로운 커뮤니케이션 방식을 선보였다는 것에서 여러 관객들에게 호평을 받았다.[3] 이렇게 지금까지 보였던 진부한 등장인물이 아니라 외계인이나 애완동물 등의 비언어 기호를 통한 표현방식은 지나치게 환경을 드러내기보다는 우회적이지만 감독의 메시지를 효과적으로 전달하고 있음을 알 수 있다.

2) 등장인물의 행동

그렇다면 영화 '아름다운 별'은 주제를 어떻게 표현하고 있을까? 영화 속에서 감독의 입장을 대변하는 캐릭터인 아버지의 행동을 통해 주제를 전달하고 있다. 외계인이라고 자각한 기상 캐스터 아버지는 기상예보를 하면서 갑자기 방송국과 합의하지 않은 돌발행동들을 한다. 일본 기상을 설명하면서 자신이 준비한 지구온난화 문제를 암시하는 그림들을

---

3) 물론 영화관 문제 등으로 관객 수가 많지는 않았지만 美 환경미디어협회 시상식에서 작품상을 타거나 여러 평론가로부터 호평을 받았다.

꺼내어 카메라에 비추기 시작한다.

그런데 주인공이 말하는 지구온난화 문제는 우리가 평소에 지나치기 쉬운 일상적인 것들이다. 예를 들면 날씨가 따뜻해지면서 모기가 많아지는 것을 강조한다. 이는 지구온난화가 진행되고 있기 때문에 발생하는 현상이므로 전 세계적으로 진행되는 지구온난화에 대해 관심을 가져야 한다고 해당 그림을 제시하며 주장한다. 이 장면을 부산국제영화제 공식 홈페이지에서 소개된 '아름다운 별'의 대표 스틸컷에서도 나온다. 외계인 가족의 아버지인 주연배우가 기상예보 중에 모기 그림을 보여주면서 이는 지구가 따뜻해지면서 모기가 많아지는 것이라면서 지구온난화에 대한 경고를 하는 것이다.

사실 우리는 평소에 모기가 많아진다고 해서 직접적으로 삶의 위협을 느끼는 것은 아니다. 그런데 사소한 모기 증가와 같이 평소에 지나치기 쉬운, 사소하고 익숙해진 것들에 대해서 오히려 역설적으로 조심해야 한다는 것을 제시하고 있다. 바로 여기서 이 영화의 또 다른 커뮤니케이션 방식이 등장한다.

기존의 여러 환경영화에서 '환경'은 거대 담론을 다루고 있다. 영화 '판도라'는 핵발전소, 영화 '투모로우(롤랜드 에머리히, 2004)'에서는 기후 이상 변화, 영화 '종말의 시대'에서는 기상이변과 해수면 상승 등이 나타났다. 이는 영화를 수용하는 관객들이 해결하기 어려운 국가적이고 세계적인 문제들이다. 따라서 오히려 영화를 보고 해결해야겠다는 마음은 생기지만 이에 대해 자신이 어떤 행동을 취하려 하는 의지는 떨어진다. [4]

---

4) 영화 '투모로우'를 보고 나온 다수의 관객이 이 영화가 과장되었다고 생각했다. 실제로 '투모로우'를 보고 나온 관객들에게 영화 메시지에 대해 물었는데 '기후 변화가 다가오는데 우리는 아무것도 할 수 없다'고 평가한 집단이 2번째로 높게 나왔다고 한다. 물론 대다수의 관객들은 본 영화의 허구성을 어느 정도 인정하면서도 현재 북극빙하가 빠른 속도로 녹고 있는 등 영화의 재난 상황이 현실화될 수 있다는 가능성은 믿을 만하다고 보았다. 송해룡(2006),영화 속의 과학, 한국방송학회 학술대회 논문집 참조.

이는 감독의 커뮤니케이션 방식이 효과적이지 못하다고 말할 수 있다. 관객의 입장에서 거대한 환경 담론이나 공포감만 조장하는 등장인물의 행동은 관객이 영화 주제를 수용하기보다는 오히려 회피하게 될 가능성이 있다.

그러나 '아름다운 별'은 기존의 환경영화와 달리 '작은 환경 문제' 등을 비언어 기호인 등장인물의 행동들로 표현하고 있다는 점에서 새로운 커뮤니케이션 방식을 보여주고 있다.

3) 등장인물들의 대사

기상 캐스터인 아버지는 외계인이라는 것을 자각한 이후 기상예보 중에 이런 말을 한다. "지구인 여러분, 태양계 연합이 여러분을 지켜보고 있습니다." 이 말이 영화에 나왔을 때 관객들은 모두 웃음이 터졌다. 사실 지구는 태양계의 행성 중 하나이고, 또 우주의 수많은 별들 중에 하나이다. 우리의 입장에서 지구를 지켜보는 것에서 더 나아가 우주 속에서 지구를 바라볼 것을 감독은 당부하고 있다. 이는 앞에서 언급한 영화의 제목과 일맥상통한 부분이다. 지구의 환경을 객관적으로 바라보고 강조하기 위한 하나의 언어 기호 장치라고 할 수 있다.

생수 판매원인 어머니는 가족들에게 물을 줄 때 "몸에 좋은 물이야"라고 말한다. 우리는 물이 몸에 좋다고 알면서도 물을 소중하게 다루지 않아 물 오염, 물 부족 등의 환경 문제로 대두되고 있다. 이에 대해 감독은 어머니를 통해 '물'의 가치에 대해서 관객들이 다시 생각하도록 하고 있다.

이렇게 아버지와 어머니의 대사인 언어 기호를 통해 '아름다운 별'을 지키자는 주제를 감독은 반복하여 전달하고 있다. 효과적으로 메시지를 전달하기 위해서는 하나의 등장인물이 아니라 여러 등장인물을 통해 반복해서 전달하는 것이 효과적임을 알 수 있다.

5. 영화 포스터 및 영화 소개의 언어·비언어 기호 분석

'아름다운 별'의 포스터를 보면 기상 캐스터인 아버지가 팔을 꼰 상태로 추켜올리고 있고 뒤에는 회색의 도시가 배경으로 그려져 있다. 기상 캐스터 아버지는 원색으로 강조하고 뒤에 회색 도시는 마치 뿌연 미세먼지 도시를 형상화한 듯 답답함이 느껴진다.

이는 영화를 처음 접하는 관객들이 어떤 영화인지 모르는 상태에서 궁금증을 가지고 미리 정보를 파악하는데 있어 충분한 표현이라 할 수 없다. 왜냐하면 중요한 외계인 캐릭터의 의미가 나타나있지 않기 때문이다.

또 부산국제영화제 홈페이지에 이 영화 소개에 따르면 '아름다운 별'을 사랑, 사회 비판, 코미디, 시대 고찰 등 다양한 장르로 분류했다. 이 영화를 하나의 장르에 담기 어렵다는 점을 공감하지만 지나치게 복잡하고 마치 이것저것 다 넣은 '잡탕' 같은 느낌을 주고 있어서 영화의 메시지를 효과적으로 전달하지 못하는 문제가 나타난다. 그런데 이런 분류는 '아름다운 별'이 사랑이나 코미디 영화라고 오해를 만들 소지가 있다.

따라서 영화 포스터나 영화를 소개할 때 감독의 핵심 메시지가 효과적으로 전달할 수 있도록 표현해야 한다.

6. 결론 및 제언

이 글에서는 제22회 부산국제영화제에서 소개된 영화 '아름다운 별'과 기존의 환경이라는 주제를 전달한 여러 영화의 커뮤니케이션 방식을, 언어·비언어 기호를 중심으로 살펴보았다.

첫째, 이 영화는 기존 환경영화와 달리 환경에 대해 범우주적 관점에서 다가가려는 점에서 신선한 커뮤니케이션 방식을 사용했다. 제목에서 지구를 '별'이라는 언어로 표현한 것은 지구에서 지구를 보는 것이 아니라 우주의 수많은 별들 중에 하나로 지구를 봤다는 것이다.

그런데 중요한 것은 그 앞에 수식어이다. '아름다운' 별이라는 것은 다른 별에 사는 외계인의 입장에서도 지구는 아름답다는 것이다. 아름다운 지구, 아니 아름다운 별을 지구인이 지켜주기를 바라는 외계인의 간절한 마음이 표현되어 그 중요성을 더 부각시켰다. 어떤 사건에 있어서 이해당사자가 말을 하면 신뢰성이 떨어지지만 제삼자가 의견을 내면 오히려 신뢰를 갖는다. 이러한 점을 착안해 여러 환경영화와 달리 '외계인'이라는 비언어 기호를 사용해서 '지구의 환경을 지키자'는 메시지를 효과적으로 전달하고 있다.

둘째, 이 영화는 기존 환경영화와 달리 주로 '환경'의 긍정적 모습을 보여주고 이를 보존할 것을 강조하고 있다. 영화 '투모로우', '판도라', 다큐멘터리 '북극의 눈물' 등은 환경을 지키지 않아서 생기는 재난, 황폐화된 지구, 더 이상 살 수 없는 지구 등 부정적인 이미지를 보여주고 관객들에게 경각심을 불러일으킨다. 반면에 '아름다운 별'은 환경의 아름다움을 보여주고 이것을 지키자고 하고 있다.

따라서 다른 환경영화와 다르게 주제가 지나치게 무겁거나 위협적이지 않다. 그러나 '아름다운 별'은 이와 다르게 우리의 일상에서 쉽게 접할 수 있는 소재로 환경 문제를 나타내고 있어서 주제에 대해서 다시 생각하게 한다.

셋째, 기존과 다른 새로운 커뮤니케이션 방식의 영화를 소개하는 예고편과 공식 홈페이지의 설명 그리고 스틸컷, 포스터 등이 영화의 특성을 잘 나타내지 못하는 한계를 보인다. 따라서 이를 어떻게 하면 보완할 수 있을지 고민하는 것도 감독의 핵심 메시지를 완성시키는 또 하나의 부분이 될 것이다.

실제로 영화에 나타나는 코미디적인 요소는 하나의 도구에 불과한데 영화가 코미디로 분류되는 것은 적절하지 않다. 영화를 접하게 될 관객들에게 오해를 줄 수 있기 때문이다. 감독은 영화를 잘 만드는 것에서 그치지 않고 이를 관객들이 잘 수용할 수 있도록 , 또 더 많은 관객이 수용하도록 하는 것 역시 고민해야한다.

커뮤니케이션은 감독과 관객의 소통을 의미한다. 이 소통에서 공유되는 메시지가 올바르게 그리고 효과적으로 전달되는 것은 매우 중요하다. 오랜 전통에 기반을 둔 방식의 메시지 전달이나 관객들에게 부담감을 줄 수 있는 거대담론은 관객들에게 메시지를 효과적으로 전달하지 못할 가능성이 크다. 영화 내용을 구성하는 고민뿐 아니라 커뮤니케이션 방식을 다각도로 고민하는 것 역시 중요한 과제라고 할 수 있다.

애니메이션의 이해과정에서 언어적 표현과 비언어적 표현의 역할

– '핑퐁 더 애니메이션'과 '다다미 넉 장 반 세계일주'를 중심으로

장 연 아

1. 들어가는 말

자막 없이 외국 드라마를 본 적이 있는가? 설거지를 하며 거실의 TV 소리를 듣고 웃은 적이 있는가? 이처럼 우리는 자막 없이 영상만 보거나 영상 없이 소리만 들어도 내용을 이해할 수 있다. 하지만 영상을 자막과 함께 보거나 영상을 직접 시청할 때보다는 그 이해의 정도가 불완전하다.

그렇다면 자막은 영상을, 영상은 소리를 어떤 식으로 보완하며 수용자의 완전한 이해를 돕는가? 이를 알아보기 위해서는 '자막, 소리, 영상'에 대해 다시 짚어볼 필요가 있다. 우리는 TV 소리 때문에 웃는 게 아니라 소리에 담긴 내용 때문에 웃는다. 자막 역시 마찬가지다. 즉, 자막의 문자와 소리의 형태로 표현되는 언어적 요소를 통해 내용을 이해하고 웃는 것이다. 하지만 언어적 요소가 전부는 아니다. 영상으로 표현되는 비언어적 요소가 있어야 완전한 이해가 가능하다.

그렇다면, 이해에 있어 소리, 자막 등 언어적 표현과 영상 등 비언어적 표현은 어떤 역할을 하는가? 이 글에서는 2017년 제 22회 부산 국제 영화제 출품작 '핑퐁 더 애니메이션(Ping Pong The Animation,

2014)'과 '다다미 넉 장 반 세계일주(The Tatami Galaxy, 2010)'를 중심으로 언어적 표현과 비언어적 표현의 역할을 살펴보고자 한다.

2. 작품 소개

부산 국제 영화제에서 상영한 '핑퐁 더 애니메이션'과 '다다미 넉 장 반 세계일주'는 모두 유아사 마사아키 감독의 11부작 TV 애니메이션 중 1화이다.

'핑퐁 더 애니메이션'은 탁구를 소재로 재능과 노력에 대하여 이야기 한다. 성격이 상반된 '페코'와 '스마일'은 어렸을 때부터 친했다. 두 사람은 현재 '가타세 고등학교'에서 탁구부 활동을 하고 있고 탁구 실력이 뛰어나다. 어느 날 둘은 중국인 유학생을 영입했다고 소문난 '츠지도 학원'에 찾아가 유학생 '차이나'와 대면한다. 자신의 재능을 믿고 자만하던 페코는 차이나와의 경기에서 1점도 얻지 못한 채 진다. [1]

'다다미 넉 장 반 세계일주'는 같은 인물이 어떤 동아리를 선택하느냐에 따라 대학 생활이 어떻게 달라지는지 이야기한다. 대학교 3학년 '나'는 동아리 활동을 하면서 애인을 만들겠다는 장밋빛 캠퍼스 생활을 꿈꾸며 대학교에 입학했지만, 동아리를 잘못 골라 '오즈'라는 친구와 엮여 지난 2년을 무의미하게 보냈다고 생각한다. '나'는 후배 '아카시'와 잘되기를 바라면서, 만약 입학식 때 다른 동아리를 선택했다면 오즈와 만날 일도 없었을 것이고 장밋빛 캠퍼스 생활도 누렸을 것이라 생각하며

---

1) 위키백과, "핑퐁(만화)",
　　https://ko.wikipedia.org/wiki/%ED%95%91%ED%90%81_(%EB%A7%8C%ED%99%94)#.EC.A4.84.EA.
　　B1.B0.EB,A6,AC, (2017,10,29.)
　　wikipedia, "ping pong(manga)", https://en.wikipedia.org/wiki/Ping_Pong_(manga), (2017,10,29.)

자신의 선택을 후회한다. 1화에서 '나'는 테니스 동아리를 골랐지만, 다른 에피소드에서는 '나'가 다른 동아리를 선택했을 경우, 다수의 동아리를 선택했을 경우, 동아리를 선택하지 않았을 경우에 일어나는 결과를 다룬다.[2]

3. 애니메이션의 언어적·비언어적 표현의 분류 및 설명

영상매체는 시청각매체이다. 애니메이션 역시 그러하다. 그러나 애니메이션은 TV, 영화 등의 영상매체와의 다른 점이 있다. 바로 카메라가 없다는 것이다. 촬영 대상을 찍어서 영상을 만들어내는 TV, 영화와는 달리 애니메이션은 영상을 그려서 만들어낸다.[3]

애니메이션은 그려서 장면을 만들어 내는 만큼 다른 영상매체보다 더 많은 수고가 든다는 단점이 있지만, 동시에 '카메라의 제약'으로부터 벗어날 수 있다는 장점이 있다. 다시 말하면 카메라로 찍어서 표현할 수 있는 범위보다 그려서 표현할 수 있는 범위가 더 크므로 상대적으로 표현의 제약에서 자유롭다. '쥬라기 공원'을 시작으로 '아바타'에 이르기까지 CG 기술이 발달하고 널리 보급되어 TV, 영화 등의 영상매체도 표현 범위가 많이 넓어졌지만, 그래도 극복하기 어려운 문제가 남아있다. 바로 '현실 인식의 벽'이다.

아무리 CG 기술이 발달해도 수용자의 수용한계를 넘는 표현들은 해

---

2) 나무위키, "다마미 닉 장 반 세계일주",
https://namu.wiki/w/%EB%8B%A4%EB%8B%A4%EB%AF%B8%20%EB%84%89%20%EC%9
E%A5%20%EB%B0%98%20%EC%84%B8%EA%B3%84%EC%9D%BC%EC%A3%BC, (2017.10.29.)
3) '패트와 매트', '월리스와 그로밋' 같은 스톱 모션 기법의 인형 애니메이션도 있지만 오늘날 대부분 애니메이션은 수작업과 컴퓨터 작업을 병행하여 그려내는 만화 애니메이션이다. 이 글에서는 만화 애니메이션으로 논의의 범위를 한정하고자 한다.

결할 수 없는 문제로 남는다. '톰과 제리'나 '포켓몬스터'를 보면 악당이 폭탄에 당하는 장면이 나오는데, 애니메이션의 경우 수용자는 옷과 얼굴에 검댕을 묻히는 낮은 수위의 표현만으로도 '만화니까' 납득하지만, 영화나 드라마가 그럴 경우에는 다른 잣대를 적용하여 받아들인다. 이처럼 애니메이션은 다른 영상매체들과는 달리 '만화적 표현'을 통해 수용자의 수용한계 범위 내에서 거의 대부분의 표현이 가능하다.

표현은 생각이나 느낌 따위를 언어나 몸짓 따위의 형상으로 드러내어 나타내는 것이다. [4] 감독이 영화를 통해 관객에게 자신의 생각을 표현하듯 생산자는 수용자에게 메시지를 전달하기 위한 수단으로 다양한 매체를 활용한다. 메시지가 왜곡되지 않고 오롯이 전달되려면 수용자가 이해할 수 있는 형태로 생산자가 표현해야 한다. 그 표현 방식은 크게 언어적 표현과 비언어적 표현으로 나뉜다.

수용자의 수용태도 역시 중요하다. 아무리 생산자의 표현력이 뛰어나다 하더라도 수용자가 정확하게 이해하는 능력과 태도가 부족하다면 메시지는 제대로 전달되지 않는다. 생산자는 수용자가 이해할 수 있도록 내용을 명확하게 전달하는 동시에 수용자가 적극적으로 수용할 수 있도록 수용자의 흥미를 불러일으켜야 한다. 흥미는 수용자의 주의를 끌어, 수용자를 내용에 이입하게 한다. 매체를 통해 전달되는 내용에 이입된 수용자는 생산자의 메시지를 적극적으로 수용하게 된다.

텍스트의 정확한 이해를 위해서는 생산자의 메시지가 수용자에게 오롯이 전달되어야 하고, 수용자가 생산자의 메시지를 적극적으로 받아들여야 한다. 이를 위해서는 생산자는 명확한 내용 전달과 수용자의 몰입을 고려하여 효과적인 언어적·비언어적 표현을 사용해야 한다.

---

4) 네이버 국어사전, "표현", http://krdic.naver.com/detail.nhn?docid=40805700, (2017.10.31.)

다음의 〈표1〉은 언어적 표현을 음성언어와 문자언어로 나누고 비언어적 표현을 음성언어를 제외한 청각표현과 문자언어를 제외한 시각표현으로 나누어 정리한 것이다. [5)]

〈표1〉 수용 감각 기관에 따른 애니메이션의 언어적·비언어적 표현 분류

기호	감각기관	포괄적 분류	세부적 분류
언어적 표현	귀	음성언어	• 대화 • 생각(속마음 대사화) • 해설 • 노래 가사
	눈	문자언어	• 제목 • 정보 제공 자막 • 번역 자막(일반 자막) • 디테일(특수 자막)
비언어적 표현	귀	청각표현	• 말투 • 사람이 내는 언어를 제외한 소리 • 음향 • 배경음악
	눈	시각표현	• 신체언어 • 만화적 표현 • 카메라 기법 • 편집

5) 두 애니메이션에 나오는 언어적·비언어적 표현을 정리해보니 소리에도 비언어적 표현이 있고 영상에도 언어적 표현이 있었다. 그렇기 때문에 청각(소리), 시각(영상)의 잣대로 언어적·비언어적 표현을 나눌 수는 없었다. 그래서 언어 그 자체를 기준으로 삼고자 한다.

먼저 언어적 표현을 살펴보면, '대화'는 등장인물 간에 주고받는 이야기이다.[6] 생산자는 대화로 사건 전개에 필요한 정보를 제공하고 이야기를 진행한다. 생산자는 창조한 인물의 입을 빌려 수용자에게 자신의 생각을 전달한다. 대화 내용 자체가 재밌거나 이야기 전개상 중요해서 흥미를 끈다면 대화로 수용자의 이목을 집중하게 하는 것도 가능하다. 대화는 애니메이션의 언어적 표현 중 가장 비중이 크다. 이는 대화를 통한 서사진행이 가장 자연스럽고 대화 장면은 그림이 많이 필요하지 않기 때문에 제작비를 절감할 수 있기 때문이다.

'생각'은 등장인물의 속마음을 의미한다. 수용자는 그것을 말소리의 형태로 들을 수 있지만, 다른 등장인물은 들을 수 없다. 영화 등의 영상 매체에 비해 애니메이션은 생각을 통해 인물의 내면을 즉각적으로 많이 표현하는 편이다. 대화는 대상의 의도를 간접적으로 드러내지만 생각은 대상의 의도를 직접적으로 드러낼 수 있어 암시적, 우회적으로 표현할 필요가 없고 대화보다 밀도 높게 내용을 전달할 수 있다. 생각은 대화보다 빈도수가 적으나 질적인 면에서 정보량이 크다. 생각도 대화와 같이 내용이 흥미로울 경우 수용자의 이목을 끌 수 있다.

'해설'은 작품의 이해를 돕는 정보로, 대화나 생각의 형태로 나타난다. 내용 전달의 목적이 아니라 이해를 돕는 수단으로 쓰인다는 점에서 대화, 생각과 구분된다. 작품의 내용보다 역사적 고증, 설정에 더 관심이 많은 사람처럼 해설에서 재미를 느끼는 사람도 있다. 이런 경우에는 해설을 통한 몰입도 가능하다.

'노래 가사'는 애니메이션에 삽입된 주제곡의 가사를 지칭한다. 주제곡은 기존에 있는 곡을 사용하기도 하고 따로 만들기도 한다. 주제곡은

---

6) 네이버 국어사전, "대화", http://krdic.naver.com/detail.nhn?docid=9409500, (2017.11.05.)

작품과 연관성이 중요하다. 그 때문에 생산자는 작품을 구상할 때 영감을 얻은 노래를 선정하거나 작품의 내용과 곡의 분위기가 딱 맞아 떨어지는 곡을 선택한다. 그런 곡을 찾기 힘든 경우에는 작사가와 작곡가가 작품을 감상한 후 작품의 내용과 이미지를 바탕으로 새로운 곡을 만들기도 한다. 애니메이션은 오프닝, 엔딩 삽입곡을 따로 만들고 일부 애니메이션은 캐릭터의 입장을 노래한 '캐릭터 송'을 내놓기도 한다. 가사를 지을 때는 수용자의 흥미를 끌 수 있는 공감되는 내용을 쓰는 것이 기본이나, 애니메이션의 경우 여기에 작품의 분위기나, 작품의 내용을 함축적으로 담아내는 것도 고려해야한다.

'제목'은 작품의 이름이다. 원작이 있는 애니메이션은 에피소드의 제목을 원작의 소제목에서 가져오는 경우가 많다. 제목은 작품의 내용을 함축하거나 작품에 새로운 의미를 부여하는 방식으로 생산자의 의도를 수용자에게 전달한다. 제목은 작품의 마케팅과도 연관되기 때문에 자극적이거나 호기심을 유발하는 제목이나 N글자 제목, 줄임말 제목, 문장형 제목 등을 많이 사용한다.

'정보 제공 자막(정보 자막)'은 생산자의 의도를 이해하기 위해 필요한 보조 자료에 나온 문자 표현이다. 정보 제공 자막은 그 정보를 간단명료하게 제시할 수 있지만, 화면 전체를 정보 전달에 사용하여 작품의 맥을 직접적으로 끊는다는 단점이 있다. 이러한 단점을 화면 위에 글자 정보를 덧씌우는 식으로 보완하기도 한다. 해설과 마찬가지로 작품의 설정에 관심이 많은 수용자는 정보 제공 자막에 몰입할 수 있다.

'번역 자막'은 음성언어를 수용자가 해석할 수 있는 문자언어로 옮긴 것이다. 그러므로 전환 대상(대화, 생각, 해설, 노래 가사)과 동일한 속성을 지닌다.

자막은 화면 밖의 테두리에 나오지만 간판, 상표, 문서 등과 같이 화면의 일부로 나오는 문자언어가 있다. 이를 '디테일'로 지칭한다. 이와 같이 화면의 일부인 자막을 번역한 것이 '특수 자막'이다. 이러한 디테일을 번역하지 않고 넘어가면 번역 없이 그 내용을 이해할 수 없는 수용자는 내용을 이해하는데 어려움을 겪는다. 그래서 이를 일반 자막으로 하는 경우도 있지만 그럴 경우 몰입감을 해칠 수도 있기에 화면 자체에 자막을 덧씌우는 특수 자막을 사용하기도 한다. 특수 자막은 프레임 단위의 수정이 필요하기에 비용 문제로 잘 사용되지 않으나 애니메이션은 수정이 쉬워 사용 빈도가 높은 편이다. 한국에서는 방송 심의 규정으로 인하여 일본 애니메이션의 왜색을 지우는 용도로 많이 사용되었다. 특수 자막을 쓰면 화면에서 눈을 떼지 않고도 생산자의 세세한 의도가 담긴 일상 속 디테일을 이해할 수 있다.

다음으로 비언어적 표현을 살펴보겠다. '말투'는 말소리에 담긴 어조, 목소리의 크기. 말의 빠르기 등을 복합적으로 지칭한다. '사람이 내는 언어를 제외한 소리(언어 외)'는 웃음, 울음, 콧노래 등과 같이 사람의 육성이지만 음성언어가 아닌 것을 말한다. 말투, 사람이 내는 언어를 제외한 소리는 간접적으로 내용을 전달한다. 같은 대사도 말투에 따라 뉘앙스가 달라진다. 또한 적합한 말투를 통한 실감나는 연기는 수용자를 상황 속에 몰입시키는 효과가 있다. 애니메이션은 후시 녹음 방식을 사용하기 때문에 얼마든지 다시 녹음을 할 수 있다. 그리고 어린 아이, 동물, 사물까지 전문 성우가 연기하기 때문에 더욱 풍부한 표현이 가능하다. 현실 인식 장벽에 제한이 없기 때문에 애니메이션에서는 비현실적인 어조나 말투, 효과음 등 그 많은 것이 수용 가능하다.

'음향'은 목소리나 음악을 제외한 소리, 장면에 실감을 더해주기 위해

넣은 효과음 [7]을, '배경음악'은 분위기를 조성하기 위하여 대사나 동작의 배경으로 연주하는 음악 [8]을 뜻한다. 애니메이션의 경우 현실 인식의 벽 제약에서 상대적으로 자유로워 음향, 음악 선택의 폭이 크다. 음향, 음악은 총 소리, 바람 소리와 같이 음성언어를 대신하여 내용을 전달하거나 혹은 악기 연주 소리와 같이 음성언어로 직접 전달하기 힘든 내용을 전달한다. 또, 긴장감을 조성하여 몰입을 돕기도 한다.

'신체언어'는 등장인물의 얼굴 표정, 시선, 행동, 자세 등을 포함한다. 애니메이션 캐릭터의 신체언어는 생산자의 의도 그대로 그릴 수 있다. 때문에 자연스러운 흐름을 해치지 않는 선에서 필요에 따라 원하는 신체언어를 얼마든지 집어넣을 수 있다. 그리고 수위가 높은 과장된 표현은 눈썰미가 없는 수용자도 알아볼 수 있는 내용 전달이 가능하다. 또한, 강한 표현은 몰입을 위한 분위기를 쉽게 조성하고 특히 코믹한 분위기의 경우 몰입은 훨씬 수월하게 가능하다.

'만화적 표현'은 현실에서 불가능한 표현 등 만화이기 때문에 허용하는 부분을 의미한다. 만화적 표현을 제대로 사용한다면 과장된 시각 표현을 통해 더 명확한 내용 전달과 몰입이 가능

'카메라 기법'은 롱테이크(long take) [9], 줌 아웃(zoom out) [10]과 같은 영화에서의 촬영 기법을 말한다. 애니메이션 프레임의 구도는 원작 만화의 것을 따르는 것이 일반적이나 생산자의 재해석이 들어가기도 한

7) 네이버 국어사전, "효과음", http://krdic.naver.com/detail.nhn?docid=43508200, (2017.10.31.)
8) 네이버 국어사전, "배경음악", http://krdic.naver.com/detail.nhn?docid=15935000, (2017.11.05.)
9) 롱테이크[long take]는 1~2분 이상의 쇼트가 편집 없이 길게 진행하는 촬영법이다.
　네이버 지식백과, "롱테이크",
　http://terms.naver.com/entry.nhn?docId=1236807&cid=40942&categoryId=33091, (2017.10.31.)
10) 줌 아웃[zoom out]은 촬영기를 고정하고 줌 렌즈의 초점 거리를 조절하여 피사체에서 멀어져 가는 것처럼 보이도록 하는 촬영기법이다.
　네이버 지식백과, "줌 아웃",
　http://terms.naver.com/entry.nhn?docId=1650879&cid=50337&categoryId=50337, (2017.11.05.)

다. 카메라의 제약에서 벗어났기 때문에 온갖 시점에서 온갖 대상을 찍는 것이 가능하다. 실제 대상만이 줄 수 있는 현실성과 감동은 떨어질 수 있어도 시점 변경이나 초점 등 카메라 워크로 전할 수 있는 내용 전달과 몰입감은 진짜 카메라 이상의 효과를 줄 수 있다.

'편집'은 같은 장면을 다시 보여주거나 과거의 사건을 보여주는 것처럼 이야기를 효과적으로 전달하기 위해 시간과 공간을 재구성하는 것[11]을 뜻한다. 영화는 아무리 준비를 잘 하더라도 촬영 단계의 변수, 대본 수정이 많아 사실상 편집으로 완성이 된다. 이와 달리 애니메이션은 사전 대본이라 할 수 있는 콘티 단계에서 모든 기획이 정해지고 콘티에서 정한 그대로 작품이 완성된다. 글과 간략한 그림으로 구성된 콘티 작업에서 영화의 편집에 해당하는 작업이 끝나기 때문에 상대적으로 수정이 자유롭다는 장점이 있다. 편집을 통해 정보를 감추거나 드러내어 간접적으로 생산자의 의도를 전달하거나 장면의 긴장감을 높이는 등 영화 편집에서 가능한 것들은 애니메이션에서도 전부 가능하다. 그러면서 영화보다 편집이 수월하다.

4. '핑퐁 더 애니메이션'의 언어적 · 비언어적 표현 분류 및 분석

앞의 〈표1〉을 참고하여 '핑퐁 더 애니메이션'의 언어적 · 비언어적 표현의 각 분류에 해당하는 대표적인 예시를 정리하면 다음과 같다.

---

11) 네이버 지식백과, "영화 편집",
   http://terms.naver.com/entry.nhn?docId=2275346&categoryId=51144&cid=42219, (2017.10.31.)

기호	포괄적 분류	세부적 분류	예시
언어적 표현	음성 언어	대화	페코: "나한테 도전하는 건 3세기나 빨랐네." 대학생: "내 10년의 노력은 대체..." 페코: "노력 따윈 재능이 없는 녀석이 하는 거야."
		생각	차이나: '이건 형벌인가? 1군에서 떨어졌다고 2군 이하의 찌질이들 소굴에 던져놓다니. 여긴 지옥인가? 탁구가 유행하는 나라에서 태어나 지나치게 연습해왔을 터이다. 결과도 냈다. 가족도 부양했다. 그게 조금 실수했다고 이런 녀석들에게... 넌 백핸드가 약해. 포핸드도! 다리도! 반응도! 뭣 하나 마음에 드는 게 없어!! 너 따위가 나하고 같은 곳에 서 있다고 생각하지 마!! 어째서 이런 나라로. 이런 동쪽의 끝으로. 뼈저리게 느껴라! 네놈의 힘을! 미숙함을!!'
		해설	츠지도 학원 코치: "한때 '동쪽에 츠지도가 있다'고 불렸지만 해마다 약해지고 있어요. 저희의 의견을 모두 모은 결과 콩 웬거 군(차이나) 같은 일류 선수에게 배워 직접 지도를 받는 것이 최선이라는 결론을 내린 것이지요."
		노래 가사	자신과 타인을 비교하며/저속해져 간다/나 밖에 할 수 없는 일 같은 건 없을지도 모르지만/ 아무것도 하지 않은 채 사라져가는 거야?/아무것도 하지 않은 채 사라질 것 같냬/뭐라 해도/언제라도/기분이 좋은 것이 알고 싶은 것 뿐!
	문자 언어	제목	'핑퐁 더 애니메이션(Ping Pong The Animation)' '#1 바람소리가 방해 돼'
		정보 자막	"핌플 아웃/전진 속공/호시노 유타카(페코)/오른손"
		번역 자막	'위험할 때는 나를 불러!! 마음속에서 3번 불러!! 히어로가 나타난다. 히어로가 나타난다. 히어로가 나타난다.'

		디테일	점수판
비 언 어 적 표 현	청각 표현	말투	페코: "(놀리는 어조로) 나한테 도전하는 건 3세기나 빨랐네."
		언어 외	페코: "(울면서) 0점으로 졌어. 0점으로."
		음향	탁구 경기 장면의 효과음
		배경음악	빠른 템포, 경쾌한 분위기의 EDM(Electronic Dance Music)
	시각 표현	신체언어	스마일: (탁구채에 시선을 고정한 채) "페코라면 아마 오다구 역 앞의 탁구장에 있을 거예요" 선배1: (스마일에게 삿대질을 하며) "그런 걸 묻는 게 아니야." 스마일: (탁구채를 바라보면서 만지작거리며) "지도 그려드릴 테니까 알아서 찾아가세요." 선배2: (인상을 팍 쓰며) "뭐야?" 스마일: "별로 저는 페코의 보호자가 아니니까요." 선배1: (스마일에게 성큼 다가가 얼굴을 들이밀며) "너 그렇게 말하면 진짜 왕따 시킨다 이 XX야."
		만화적 표현	탁구부 선배들이 스마일을 몰아붙이는 상황
		카메라 기법	스마일이 쓰고 있는 안경을 클로즈업하면서 시작. 안경알에는 스마일 앞에서 이야기를 나누고 있는 친구들의 모습이 비침. 화면을 줌 아웃하면서 안경알에 비쳤던 친구들의 모습은 사라지고 스마일의 전체적인 모습이 보임. 카메라를 계속 줌 아웃하면서 스마일의 앞에 간격을 두고 서 있던 친구들이 한 명씩 차례대로 화면 안에 모두 들어옴.
		편집	페코가 대학생의 공을 받아치는 장면을 다른 각도에서 한 번 더 보여줌.

먼저 언어적 표현을 살펴보자. 페코는 학교 탁구부 훈련을 빠지고 어릴 적부터 다니던 탁구장에 가서 새로 들어온 대학생과 내기 탁구를 친다. 페코가 그 시합을 가뿐하게 이긴 후 절망하는 대학생과 나눈 대화는 페코가 거만하다는 것, 페코의 탁구 실력이 뛰어나다는 것, 그리고 페코가 자신의 재능을 믿고 노력을 경시한다는 것 등의 정보를 제공한다. 수용자는 이러한 정보를 기반으로 등장인물의 캐릭터를 구축하면서 이야기의 진행을 따라간다.

'생각'의 예시는 차이나가 페코와 탁구를 치면서 페코의 실력에 대해 실망하는 장면이다. "이건 형벌인가? 1군에서 떨어졌다고 2군 이하의 찌질이들 소굴에 던져놓다니. 여긴 지옥인가?"라는 생각은 차이나가 자신의 실력보다 못한 학생 밖에 없는 곳으로 오게 된 것에 대해 절망하고 분노하는 심정을 나타낸다.

'생각'은 등장인물의 속마음을 표현할 수 있다. 하지만 인물의 생각이 진행되는 동안 기존 사건의 진행은 중단되고, 몰입의 흐름이 끊긴다. 그 때문에 다른 매체는 애니메이션처럼 '생각'을 높은 빈도로 사용하지 않고 정황, 행동, 몸짓, 표정 등 간접적으로 인물의 생각을 나타내는 편이다. 반면 애니메이션은 만화를 그대로 옮겨온 경우가 많다. 만화에서 구름 말풍선으로 생각을 표현하는 관습이 애니메이션에도 영향을 주었다. 과거 애니메이션은 영화처럼 정황, 행동, 몸짓, 표정으로 속마음을 간접적으로 표현할 정도로 그림을 세밀하게 그려낼 자본, 기술이 부족했기 때문에 인물의 속마음을 직접적으로 표현할 수밖에 없었다.

'한때 츠지도 학원은 강했지만 지금은 약하다. 이 문제를 해결하기 위해 회의를 했다. 그 결과 일류 선수를 영입해서 그 선수의 지도를 받게 하자는 데로 의견이 모였다.'는 복잡한 내용을 생산자는 등장인물의 해설을 통해 차이나가 츠지도 학원에 오게 된 배경을 수용자에게 간단하고 자연스럽게 전달한다. '해설'은 스포츠 규칙을 설명하는 것처럼 내용을 이해하기 위한 배경 지식을 전할 목적으로 사용하는 경우가 많다. 그와 동시에 분량을 압축하여 전달하는 효과도 있다. 위의 상황도 과거 회상, 대화를 통해 전달했다면 분량이 더 많이 필요했겠지만 해설을 이용했기 때문에 필요한 부분의 배경 정보만 전달할 수 있었다.

해설은 오롯이 내용 전달만을 위한 표현이기 때문에 극의 흐름을 끊어 몰입을 방해하는 경우가 대부분이지만, 이를 수용자가 신뢰할 수 있는 관심을 가지는 인물을 통해서 내보낸다면 수용자의 몰입을 끌어낼 수 있다. 때문에 생산자는 보통 해설이 필요할 경우 해설 역할을 담당하는 등장인물을 만든다. 수용자가 해설을 귀담아 들으려면 그 등장인물에 어느 정도 몰입해야한다. 몰입을 위해서는 또 어느 정도의 분량을 투자해야한다. 그런데 분량은 한정되어 있기 때문에 그 분량을 한 등장인물에게 몰아준다. 반복적으로 한 등장인물이 설명을 하다보면 수용자도 그 등장인물이 해설 역할이라는 것을 인식하고 그 해설을 자연스럽게 받아들이고 귀 기울이게 된다.

'핑퐁 더 애니메이션'의 오프닝곡은 '바쿠단 죠니'의 '유일인'이다. '나는 세계에 단 한 명 뿐이다. 나만이 할 수 있는 일은 없더라도 아무것도 하지 않은 채 사라질 수 없다'는 노래 가사는 패배의 충격으로 방황하다가 재기에 도전하는 페코의 심정을 대변하는 것 같다. '유일인'이라는 제목도 안하무인에 자신감 넘치고 자의식이 강한 페코와 어울린다. 오프닝, 엔딩곡의 길이는 1분 남짓하다. 그 안에 전주, 전개, 절정, 후렴, 마무리까지 모두 담아야 하므로 2절 분량의 가사 중 들어갈 수 있는 것은 0.5절 분량뿐이다. 이처럼 적은 분량의 가사 안에 작품의 분위기, 내용,

주제를 담아 전하다 보니 자연스레 가사는 함축적으로 작사된다.

'핑퐁 더 애니메이션'은 원작 만화의 제목을 그대로 사용했다. 이는 페코, 스마일, 차이나 그리고 1화에는 나오지 않은 아쿠마, 드래곤 등 탁구에 모든 것을 건 청춘들의 성장통을 다룬 이야기와 가장 잘 어울린다. '바람소리가 방해 돼'는 차이나의 대사이자 원작 1권 3화의 소제목이다. 자신의 기준에서 불모지인 일본으로 쫓겨난 차이나가 멀리서 들려오는 탁구 소리에서 모처럼 호적수를 발견한다. 차이나는 이 소리를 좀 더 자세히 듣고 싶은데 바람소리가 이를 방해한다는 의미이다. 또, 차이나는 스마일과 겨루어 보고 싶은데 페코가 그 바람을 방해한다고 해석 할 수도 있다. 이처럼 소제목은 1화의 핵심 사건인 차이나와 페코의 대결 경위를 함축적으로 전달한다. 이와 같이 예시의 언어적 표현은 '생각'과 같이 수용자를 작품에 몰입하게 만들기도 하지만 나머지의 경우와 같이 주로 수용자에게 내용을 전달하는 역할을 한다.

페코가 처음 등장하는 장면에 이름, 경기 스타일, 오른손잡이 등의 프로필이 자막으로 제시된다. 이러한 정보 자막은 별도의 설명 없이도 대상에 대한 정보를 직접적으로 전달할 수 있다는 장점이 있으나 화면과의 이질감 때문에 한 순간 수용자의 시선을 끌어 몰입을 끊을 수 있다. 애니메이션에서는 화면 내용과 동일한, 그림과 같은 속성의 문자로 제시되기 때문에 수용자는 정보 자막을 비교적 몰입을 유지한 상태로 받아들인다.

자막은 음성언어 표현을 수용자가 해석 가능한 문자언어 표현으로 바꾼 것이다. 따라서 자막은 본래의 음성언어 표현이 지닌 속성을 그대로 지닌다. 과거에는 필름 위에 직접 자막을 새겼기 때문에 모든 서체가 동일했으나, 디지털 자막이 도입되면서 다양한 서체를 사용할 수 있게 되었다. 하지만 대다수의 자막은 가독성을 고려하여 굴림체를 사용한다.

자막의 크기는 너무 작으면 안 보이고, 너무 크면 많은 내용을 전할 수 없기에 적절하게 조정해야 한다. 또한 자막은 수용자의 눈에 잘 들어오면서 시청을 방해하지 않는 곳에 있어야 한다. 수용자의 시선은 비언어적 표현이 나오는 영상과 언어적 표현이 나오는 자막 사이를 왔다 갔다 하기 때문에 자막은 영상과 너무 멀어서도 안 되고, 영상 안에서 영상의 내용을 가려서도 안 된다. 자막의 위치는 상영 여건에 따라서 달라진다. 화면이 커서 여백이 충분하면 주로 영상 하단 밖에 놓이고, 여건이 안 되면 영상과 겹쳐서 내보내거나 세로자막, 상단자막을 사용하기도 한다. 이처럼 자막의 서체, 크기, 위치는 내용 전달과 함께 수용자의 몰입을 돕기도 히고 방해하기도 한다.

페코가 차이나와 탁구 경기를 할 때 스마일은 점수판을 들고 점수를 카운트를 한다. 이 때 사용되는 점수판을 통해 탁구의 규칙을 전혀 모르는 수용자도 그 경기의 흐름을 이해할 수 있다. 이와 같이 생산자는 '디테일'을 이용해 작품 속에서 자연스럽게 수용자에게 내용을 전달한다.

'핑퐁 더 애니메이션'의 언어적 표현의 예시에는 '번역 자막'처럼 수용자에게 내용을 전달하면서 수용자를 작품에 몰입하게 만드는 역할까지 다 하는 것도 있지만 전체적으로 언어적 표현은 내용 전달의 역할을 하고 있다.

비언어적 표현을 살펴보면 다음과 같다. 탁구 시합을 여유롭게 이긴 페코는 상대를 놀리는 말투로 "나한테 도전하는 건 3세기나 빨랐네"라고 말한다. 3세기라는 과장된 표현만으로도 페코의 끝없는 자신감이 드러나지만 여기에 '얼레리 꼴레리' 하고 놀리는 것처럼 질질 끌며 빈정대는 말투가 더해지며 수용자가 느끼는 페코의 오만방자함은 몇 곱절로 늘어난다.

자신의 탁구 실력에 자신만만하던 페코는 차이나에게 '11:0'이라는 굴욕적인 패배를 당하자 바닥에 엎드려 운다. 분해서 우는 모습은 페코에게 어린 아이 같은 면이 있다는 것을 보여준다. 또한 울음은 수용자에게서 몰입을 끌어내기도 한다. 사람들은 보통 누군가가 울면 관심을 가진다. 또 우는 이유를 추측하고 그 이유가 납득되면 관심을 유지한다. 수용자는 페코가 우는 것에 주의를 쏟고 그가 우는 이유를 나름대로 이해하려는 시도를 하며 몰입을 유지하게 된다.

탁구 경기 장면의 효과음은 탁구공이 튀는 소리, 바닥에 신발이 끌리는 소리를 재현하고 있다. 이러한 음향은 수용자가 작품을 더욱 사실적으로 느끼고 몰입하게 만들어준다. 공이 탁구대와 라켓에 부딪히는 '탁탁' 소리와 신발이 바닥에 '찍찍' 끌리는 소리는 반복되며, 탁구공의 랠리 속도만큼이나 빠른 리듬을 만들어 낸다. 수용자는 어느 한 쪽의 실책으로 인해 그 리듬이 끊어질 때까지 숨을 죽이며 그 리듬에 빠져들게 된다.

페코와 차이나가 대결을 할 때 'China'라는 제목의 EDM이 배경음악으로 나온다. 'China'라는 제목은 콩 웬거의 별명, '차이나'에서 따왔다. 그렇다고 이 곡이 콩웬거를 상징하는 것은 아니다. 애니메이션의 배경음악은 주로 핵심적인 장면에서만 쓰이고 이때 배경음악의 제목은 핵심 장면의 제목에서 따오는 경우가 많다. 해당 장면은 차이나가 처음으로 등장하는 핵심 장면이기에 'China'라는 제목이 붙은 것으로 보인다. 이러한 배경음악은 중요한 순간에 대사와 효과음 사이에 묻혀 들릴 듯 말 듯한 음량으로 자극(대사)과 자극(효과음) 사이를 효과적으로 채워줌으로써 그 자극들 사이에서 수용자의 몰입이 끊이지 않게 해준다. 그러면서 곡의 분위기, 박자 등을 통해서 수용자가 장면에 맞는 특정 감정에 빠지도록 유도하기도 한다.

탁구부 선배들이 스마일을 몰아붙이는 장면을 보면 대화 내용만으로도 갈등 상황은 전해지지만 탁구채만 매만지며 시선을 피하는 스마일, 험악한 표정으로 삿대질을 하며 강제로 시선을 맞추려는 선배, 양측의 신체언어는 갈등 상황을 더욱 생생하게 만들어 수용자를 일촉즉발의 상황 속으로 몰입시킨다. 문화권별로 다소 차이는 있으나 신체언어의 해석은 어느 정도 보편성을 띤다. 우리는 그 보편성을 바탕으로 자막 없이 외국영화를 보더라도 상황을 어느 정도는 유추할 수 있다. 다만 자세한 정황은 언어적 표현 없이는 알기 힘들다.

'신체언어'의 예시와 똑같은 장면에서 주도적으로 윽박지르는 선배의 사슴뿔과 같은 비현실적인 머리 모양은 헤어스프레이 한 통을 다 썼다고 치더라도 데포르메가 심하게 적용되었다. 또, 등장인물을 복잡한 묘사나 명암 없이 머리카락, 피부, 상의, 하의를 각각 1가지 색으로만 채색했다. 좋게 말하면 단순하며 거친 색다른 느낌을 주고, 나쁘게 말하면 스케치도 채색도 제대로 안하고 대충 그린 느낌을 주는 그림 표현은 영화나 드라마에 비유하자면 조잡한 곰 인형 탈을 쓰고, 곰 역할을 하는 것과 같다. 영화나 드라마라면 이는 어느 장면에 등장하든지 어색함을 떨쳐낼 수 없는 씬 스틸러로서 수용자의 몰입을 방해했겠지만, 애니메이션에선 그렇지 않다. 현실 인식의 벽을 벗어난 수용자의 수용한계가 거친 데포르메 표현을 받아들일 정도로 확장되어 거칠고 조잡한 표현은 수용자의 몰입을 방해하지 않고도 역동성을 얻게 된다.

생산자는 수용자가 봐주길 원하는 곳에 카메라의 초점을 맞춘다. 즉 화면에 나오는 모든 것은 생산자의 의도가 담긴 표현이다. 동시에 생산자는 자신의 의도가 더욱 효과적으로 수용자에게 받아들여질 수 있도록 수용자의 몰입을 꾀한다. 애니메이션에는 카메라가 사용되지 않지만 관점 측면에서 본다면 위의 예시처럼 애니메이션은 다른 영상 매체에서는 불가능한 카메라 기법이 가능하다. 그 때문에 더욱 다양한 표현이 가능하다.

생산자는 화면의 반복, 화면 전환의 간격 등 '편집'을 통해 수용자의 몰입을 유도한다. 화면을 반복하면서 수용자가 한 번 더 생각하게 만들기도 하고, 화면 전환의 간격을 길게 하여 수용자에게 더 많이 생각할 틈을 주기도 하며, 생각할 틈을 주지 않을 정도로 화면 전환을 빠르게 하여 수용자의 주의를 끌고 다니기도 한다. 대학생과 경기를 하면서 페코는 뒤를 돌아 상체를 숙여 다리 사이로 공을 받아 친다. 예능 프로그램에서 재밌는 장면을 여러 번 반복해서 보여주는 것처럼 생산자는 이 장면을 다른 각도에서 한 번 더 보여준다. 수용자는 극에 등장할 것이라고는 예상하지 못했던 편집 기법을 마주하고 신선함과 재미를 느끼며 작품에 더 몰입하게 될 것이다.

이처럼 '핑퐁 더 애니메이션'의 비언어적 표현의 예시는 전반적으로 수용자가 매체에 더 몰입하게 하는 역할을 하고 있다. 다만 '사람이 내는 언어를 제외한 소리'와 '신체언어'는 수용자에게 작품의 내용을 전달하는 역할까지 겸하고 있다.

5. '다다미 넉 장 반 세계일주'의 언어적 · 비언어적 표현 분류 및 분석

앞의 〈표1〉을 참고하여 '다다미 넉 장 반 세계일주'의 언어적 · 비언어적 표현의 각 분류에 해당하는 대표적인 예시를 정리하면 다음과 같다.

〈표3〉 '다다미 넉 장 반 세계일주'의 언어적·비언어적 표현의 예시

기호	포괄적 분류	세부적 분류	예시
언어적 표현	음성 언어	대화	'나': "너 때문에 의미 있는 학교생활이 쓸모 없어져 버렸어." 오즈: "어라라? 그건 피차일반 아니에요? 어차피 당신은 어떤 길을 고른다고 해도 지금과 같은 꼴이 돼버리지. 결국 저는 당신을 만나고 전력으로 당신을 망가뜨릴 거예요." '나': "너는 왜 나에게 들러붙는 거지?" 오즈: "제 나름의 사랑이에요. 우리는 운명의 검은 띠로 엮인 것이지요."
		생각	'나': '1학년 여름. 아직 나름대로 장밋빛이었던 나의 뇌수를 현실이라고 하는 날카로운 칼이 번득였다. 친구 100명 만들기도 나쁘지 않다고 대수롭지 않게 여겼지만 사람과 산뜻하게 교류하는 것이 얼마나 어려운지 뼈저리게 느끼게 해줬다. 랠리는커녕 제대로 받아치는 것도 못하고 친 공은 되돌아오지 않는다. 유연한 사교성을 지니려고 해도 애당초 대화 도중에 들어갈 수 없다. 대화에 끼기 위해 사교성을 어딘가 다른데서 지녀가지고 와야 할 필요성이 있었다고 깨달았을 때는 이미 시기를 놓쳤고 나는 서클에서 있을 곳을 잃었다.'
		해설	남자: "자네, '시모가모유스이장' 사람이지?" '나': '과연 나는 시모가모유스이장 사람이다.', "그런데요..." 남자: "나도 살고 있다." '나': '시모가모유스이장은 히에산 데마치야나기 안에 있는 하숙집으로 들은 바에 의하면 에도막부 말기의 혼란기에 소실됐다가 재건 이후 그대로라고 한다. 창문에서 불빛이 새어나가지 않으면 폐허와 다름없음. 이제 막 입학했을 무렵 대학 생활 조합의 소개로 이곳을 방문했을 때 구룡성에 빠져들었을지도 모른다고 생각한 것도 무리인 얘기가 아니다. 그렇다. 이 기묘한 괴인을 몇 번인가 언뜻 본 것을 기억했다.'

		노래 가사	우리의 현재를/반복하는 것 투성이라도/그래, 언젠가 너와 만나자/그런 날을 생각하며 나날을 보내자/보내자
	문자 언어	제목	'다다미 넉 장 반 세계일주(The Tatami Galaxy)'
		정보 자막	단합회장으로 널리 이용되고 있는 곳의 위치를 설명하는 지도에 자막을 삽입.
		번역 자막	"세상의 눈을 신경 써서 신념을 꺾을 건가요?"
		디테일	카스텔라 포장지에 붙어있는 상표, 불꽃놀이에 대한 주의사항이 적힌 안내판
비언어적 표현	청각 표현	말투	남자 선배: "(다정하게) 아카시는 쉬는 날 뭐해?" 아카시: "(쌀쌀맞게) 왜 그런 걸 당신에게 말해야 하지?"
		언어 외	이마에 나방이 붙었을 때 아카시가 비명을 지름.
		음향	불꽃놀이에서 폭죽이 터지는 소리
		배경음악	오프닝곡, 엔딩곡
	시각 표현	신체언어	라면가게에서 만나 이야기를 나누던 남자가 자신이 신이라고 하자 '나'는 먹던 라면에 시선을 다시 고정하고 라면을 다시 먹기 시작.
		만화적 표현	아카시가 책을 훔치려는 손님에게 눈빛으로 레이저를 쏘는 장면
		카메라 기법	"나는 수면부족인 머리를 감싸고 210호실의 방문을 두드렸다"는 내레이션을 하면서 '나'는 비틀비틀 계단으로 올라감. 이때 카메라는 '나'의 시점에 시점을 일치시켜 뿌옇고 흔들거리는 화면을 보여줌.
		편집	'나'가 '시모가모유스이장'에 대해 매우 빠른 속도로 설명할 때 시모가모유스이장의 이미지를 설명 중간 중간에 배치하여 빠르게 보여줌.

언어적 표현을 살펴보자. 저녁 식사를 하면서 '나'가 오즈에게 푸념하는 장면의 대화를 보면 '나'는 과거에는 학교생활이 의미 있다고 생각했는데 지금은 쓸모없다고 느끼고 있고 그렇게 된 것이 오즈 탓이라고 여기고 있다는 것을 수용자는 파악할 수 있다. 또 이것이 '나'의 착각이 아니라 오즈가 정말 '나'의 학교생활을 고의로 망가뜨렸다는 것을 알 수 있다.

생산자는 수용자에게 '생각'의 형식으로 '나'가 1학년 때 여자 친구를 만들 생각으로 들떠있었지만 사람 사귀는 것에 능숙하지 못했던 탓에 정작 테니스 동아리에서 어떤 여자와도 친해지지 못했다는 내용을 전달해준다.

라면 가게에서 만난 남자와 이야기를 나누는 중에 '나'는 '시모가모 유스이장'에 대해 생각한다. 이때 '나'는 생각의 흐름을 중간에 끊기 어렵게 서술했다. 수용자는 이 긴 하나의 생각 자체에 몰입이 되어 한번 들어가면 빠져나오기 힘들어진다.

노래 가사의 예시는 '다다미 넉 장 반 세계일주'의 오프닝 곡 아시안 쿵푸 제너레이션의 '길 잃은 개와 비의 비트'이다. '우리들의 현재를 반복할 뿐이지만 언젠가 너를 만날 날을 생각하며 매일을 보내자'는 가사는 다른 동아리에 들어갔다는 가정 하에 반복되는 '나'의 대학 생활과 '아카시'에 대한 나의 마음을 표현하고 있다. 제작사에서 새로운 애니메이션에 쓰일 노래를 가수에게 주문제작하여 노래와 애니메이션 쌍방의 흥행을 목적으로 만들어진 노래이기에 내용을 함축적으로 담고 있으면서도 애니메이션을 보지 않은 사람들도 공감하여 몰입할 수 있게끔 중의적으로 작사하였다.

'다다미 넉 장 반 세계일주'는 원작 소설의 국내 번역 제목에서 따온 제목이다. 해외 영화를 개봉할 때도 그 원작이 국내에 번역돼 소개되었을 경우 생소한 원작 대신 이미 한번 알려진 이름을 제목으로 붙일 때가 있는데 이 경우도 마찬가지이다. 원작 제목 '四畳半神話大系'는 한국 수용자에게 생소하기도 하고 '四畳半', '大系'는 일본에서만 쓰이는 문화, 문학 장르 용어이기 때문에 원작 제목을 그대로 쓸 경우에는 그것의 의미를 한국 수용자가 알기 어렵다. 해외 제목 역시 국내 제목과 비슷한 과정을 거치고 또, 부르기 쉽게 원작 제목을 'The Tatami Galaxy'로 변형했다. 제목 중 '다다미 넉 장 반[12]'은 '나'가 살고 있는 방의 크기이자 그곳에서 보낸 나의 대학생활을 의미하고 '세계일주'는 '나'의 또 다른 가능성인 평행세계(우주)[13]를 뜻한다. 영제 'The Tatami Galaxy' 역시 같은 의미이다.

'나'는 단합회장으로 자주 쓰는 곳의 위치를 지도를 이용해서 설명한다. 지도에서 사용되는 '정보 자막'은 '나'가 빠른 속도의 내레이션으로 전달하는 내용을 수용자가 이해할 수 있게 도와주는 시각적인 장치 역할을 한다.

카스텔라 상표, 불꽃놀이에 관한 주의사항이 적힌 안내판과 같은 '디테일'은 작품 세계에 현실감을 부여해 수용자가 작품에 몰입하도록 만드는 역할을 한다.

'다다미 넉 장 반 세계일주'의 언어적 표현의 예시에서는 '디테일'처럼 몰입의 역할만을 하는 것도 있지만 대부분의 요소는 '핑퐁 더 애니메

---

12) 일본에서는 주거 면적의 단위로 다다미 1첩을 사용한다. 즉 다다미 넉 장 반은 1820mm*910mm로 다다미 4.5장을 이어붙인 2.25평 정도의 주거공간을 의미한다. 또한 관용어로서 '고시텔, 원룸'처럼 가장 작고 싼 방을 뜻하기도 한다.

13) 평행세계(우주) 개념 자체는 양자역학에서 비롯된 것이지만 영화, 소설 등 매체상 평행우주는 양자론적 설명, 이해 없이 '만일(if)~'의 형태로 전개된다. 기존의 사건, 과거를 부정하거나 수정하지 않고 같은 세계에서 전혀 다른 전개 양상을 보여줄 수 있다는 장점이 있다.

이션'과 마찬가지로 내용 전달의 기능을 한다. 다만 선택한 예시 중에서 '해설', '노래 가사', '번역 자막'은 수용자가 작품에 몰입하게 만드는 역할도 겸한다.

다음으로 비언어적 표현을 살펴보겠다. "쉬는 날에 뭐해?"라는 남자 선배의 다정한 물음에 아카시는 "왜 그런 걸 당신한테 말해야하지?"라고 쌀쌀맞게 반문한다. 아카시가 상대방의 데이트 신청을 매몰차게 걷어차는 이 장면은 아카시의 성격을 표현하는 동시에 여태껏 아카시가 애인이 없는 이유, '나'가 아카시에게 고백을 하지 못하는 이유를 알려준다. 위의 예시로 이 세 가지 목적을 달성하기 위해선 수용자가 상황에 몰입하기 충분한 쌀쌀맞음을 표현하여 공감을 얻어내야 한다. 그러나 예시에 쓰인 언어적 표현만으로 아카시의 차가운 성격을 전달하기에는 한계가 있다. 하지만, 비언어적 표현인 '말투'를 잘 활용한다면, 언어적 표현의 수위를 조절하지 않고도 수용자가 납득하기 충분한 아카시의 쌀쌀맞음을 전달할 수 있다.

아카시는 자신의 이마에 갑자기 나방이 앉자 비명을 지른다. 수용자는 조용한 분위기 가운데 들리는 큰 비명에 주의를 집중하게 된다. 또, 차분한 성격의 아카시가 요란하게 소리를 지르는 모습은 수용자에게 흥미를 끌고, 10초 가까이 계속되는 비명은 수용자의 몰입이 지속되게 한다.

불꽃놀이 장면에서 폭죽은 휘파람 비슷한 소리를 내며 강 건너편으로 날아간 폭발음을 내며 터진다. 이러한 음향은 수용자의 경험을 자극하여 마치 눈앞에서 불꽃놀이를 보는 듯 깊은 몰입을 유도한다. 기억 속에 저장돼 있는 냄새를 맡고 해당 기억이 떠오르는 것을 '프루스트 현상'[14]이라고 한다. 이는 소리에도 동일하게 적용될 수 있다. 불꽃놀이를 경험한

---

14) 소설 '잃어버린 시간을 찾아서'의 주인공은 홍차에 적신 마들렌 과자의 냄새를 맡고 과거를 회상한다. 이 장면이 유명해져 이 같은 현상을 작가 프루스트의 이름을 따와서 부르게 됐다.

적이 있는 수용자라면, 불꽃이 공중으로 올라가 터지는 소리를 들을 때 청각적 '프루스트 현상'이 일어나 불꽃놀이를 본 당시를 회상하며, 화면 속 불꽃이 아닌 기억 속 불꽃에 빠져들게 된다.

배경음악의 예시, 오프닝곡('길 잃은 개와 비의 비트')과 엔딩곡('신께서 말씀하신 대로')은 모두 3분가량의 원곡을 20분짜리 애니메이션에 맞춰 1분 남짓한 길이로 편곡한 것이다. 이처럼 노래로 애니메이션을 시작하고 끝내는 것은 비단 스폰서 광고와 엔딩 크레디트 때문만이 아니다. 가장 중요한 이유는 바로 수용자의 몰입도이다. 열고 닫는 노래는 원곡의 하이라이트를 최소한의 기승전결에 담아 압축한 것이기에 그 자체로도 수용자의 이목을 끌지만 본래 역할은 수용자가 몰입할 시간을 벌어주는 용도이다.

만일 극장에서 예고도 없이 불이 꺼지자마자 영화가 시작하고, 엔딩 크레디트도 없이 끝나자마자 불이 켜진다면 어떻게 될까? 수용자는 마치 물고문을 당하듯 마음의 준비도 없이 영화 속으로 집어던져졌다가 다시 현실로 끌려나온 기분을 느끼게 된다. 몰입은 갑자기 되는 게 아니라 준비 과정이 필요하다.

매 에피소드마다 반복되는 열고 닫는 노래는 파블로프의 개가 듣는 종소리처럼 몰입 반응의 신호가 된다. 수용자는 여는 노래를 들으며 기대감과 함께 끌어올린 몰입도를 본 내용까지 이어가고, 닫는 노래에서는 작품의 여운에 잠긴 채 오늘 본 내용을 회상하며, 천천히 작품 밖으로 걸어 나온다. 때문에 여는 곡은 신나는 곡이 많고, 닫는 곡은 차분한 곡이 많다. 앞서 다룬 노래 가사 역시, 작품의 내용을 함축적으로 담아 여는 노래, 닫는 노래를 들으며 작품을 떠올리는 키워드가 되어 몰입과 회상 두 가지 모두를 도와준다.

신체언어 예시는 라면집에서 '나'의 옆 자리 사람이 스스로 신이라 주
장하는 상황이다. 이후 아무런 대화도 이어지지 않고 '나'는 묵묵히 라
면을 먹을 뿐이지만 수용자의 이목은 '나'에게 쏠려있다. 자신도 모르게
다른 사람의 시선을 쫓듯 인간은 다른 사람의 신체언어에 무의식적으로
반응하며 대상의 신체언어를 통해 대상을 분석한다. 이는 사람들이 동영
상을 시청하는 타인의 반응을 보여주는 '리액션 비디오'를 좋아하는 이
유처럼 타인과 공감하려는 욕구의 표출이라는 견해도 있다. 그리고 이러
한 신체언어의 속성들은 우리의 무의식이 인간으로 인지한 애니메이션
캐릭터에게도 일부 적용된다.

아카시가 책을 훔치려는 손님에게 눈빛으로 레이저를 쏜다. 이 장면
을 영화에서는 손님의 제 발 저린 표정과 아카시의 강렬한 시선을 교차
편집하는 식으로 표현하겠지만, 여기서는 진짜로 눈에서 주황색 레이저
가 나와서 훔치려던 책 표지에 두 개의 구멍을 뚫는다. 심지어 이 구멍은
손님이 그 책을 계산할 때에도 남아있다. '만화적 표현'은 생산자가 전
달하려는 표현을 강조하는 동시에 현실에서는 불가능한 상상을 표현하
여 수용자가 재미를 느끼게 한다.

카메라는 '나'가 비틀비틀 거리며 계단을 올라가는 모습을 보여주지
않고, '나'의 눈이 되어 뿌옇고 흔들거리는 화면을 보여주며 '나'가 수면
부족 상태로 계단을 올라가는 것을 표현한다. '나'와 시점을 동일하게
만든 '카메라 기법'은 전자보다 수용자가 '나'에게 이입하게 만들어 작
품에 몰입하게 한다.

'나'는 '시모가모유스이장'에 대해 매우 빠른 속도로 설명한다. 빠

른 속도로 제공되는 많은 양의 정보를 즉각적으로 이해하는 것은 어렵다. 생산자는 그 설명에 해당하는 이미지를 '나'가 말하는 속도처럼 빠르게 보여준다. 이러한 '편집'은 수용자가 언어로 받아들인 정보를 머릿속에 그리는데 도움을 주어 입력되는 정보를 바로바로 해석할 수 있게 만든다.

'다다미 넉 장 반 세계일주'의 비언어적 표현의 예시에서는 '편집'의 경우 내용 전달의 역할만을 하고 있지만 '핑퐁 더 애니메이션'과 마찬가지로 대부분의 비언어적 표현의 요소는 몰입의 기능을 수행하고 있다. 다만 '말투'의 예시에서는 내용 전달의 역할도 겸하고 있다.

6. 분석 결과

이상과 같은 언어적 · 비언어적 표현들은 다소 비중의 차이는 있어도 내용 전달과 몰입 중 하나의 역할로 쓰이거나, 두 가지 모두의 역할로 쓰이고 있다. 즉, 애니메이션의 이해과정에서 언어적 표현과 비언어적 표현의 역할은 매체를 통해 수용자에게 내용을 전달하고, 수용자를 매체에 몰입시키는 것이다. 이를 정리하면 아래 〈표4〉와 같다.

〈표4〉 언어적·비언어적 표현의 역할—내용 전달과 몰입

핑퐁 더 애니메이션				다다미 넉 장 반 세계일주			
분류	역할	내용 전달	몰입	분류	역할	내용 전달	몰입
언어적 표현	대화	O		언어적 표현	대화	O	
	생각	O			생각	O	
	해설	O			해설	O	O
	노래 가사	O			노래 가사	O	O
	제목	O			제목	O	
	정보 자막	O			정보 자막	O	
	번역 자막	O	O		번역 자막	O	O
	디테일	O			디테일		O
비언어적 표현	말투		O	비언어적 표현	말투	O	O
	언어 외	O	O		언어 외		O
	음향		O		음향		O
	배경음악		O		배경음악		O
	신체언어	O	O		신체언어		O
	만화적 표현		O		만화적 표현		O
	카메라 기법		O		카메라 기법		O
	편집		O		편집	O	

1) 언어적 표현의 내용 전달

법처럼 강제성은 없지만, 언어는 규칙에 의해 표현된다. 그래서 언어적 표현의 내용 전달은 명확하다. '핑퐁 더 애니메이션'에서 '해설'을 보면 '츠지도 학원은 예전에 강했다', '요즘은 약해졌다', '이 문제로 내부

회의를 했다', '그 결론이 일류 선수를 초청해서 지도를 받는 것이다', '그래서 콩 웽거를 초청했다'를 알 수 있다. 이와 같은 복잡한 내용도 언어적 표현을 통해 수용자에게 명확하게 전달할 수 있다.

2) 언어적 표현의 몰입 정도

소설을 보는 독자는 언어적 표현을 통해 내용을 이해하는 동시에 내용에 몰입하여 자신의 이야기로 받아들인다. 애니메이션을 보는 관객은 대화, 자막 등의 언어적 표현을 통해 내용을 이해하면서도 영상 등의 비언어적 표현에서 눈을 떼지 않는다. 이처럼 영상매체에는 비언어적 표현이라는 강력한 표현 기호가 사용되어 언어적 표현의 몰입 정도는 상대적으로 낮다. '핑퐁 더 애니메이션'에서 수용자는 '노래 가사'의 내용에 몰입하기보다는 신나는 음악 소리나 강렬한 화면에 주의를 두게 된다. 이처럼 영상매체의 언어적 표현의 몰입 정도는 비언어적 표현에 밀려 상대적으로 낮다.

3) 비언어적 표현의 내용 전달

예전에 방영한 TV 오락 프로그램인 'KBS 가족오락관'에는 '방과 방 사이'라는 게임이 있었다. 제시어를 몸짓으로 설명해서 다음 사람에게 전달하는 과정에서 기상천외한 오답으로 변해나가는 모습이 재미를 주었다. 이처럼 언어적 표현 없이 비언어적 표현만으로 내용을 전달하는 것은 상당히 어려운 일이다. 비언어적 표현은 언어적 표현과 달리 정해진 규칙이 없기에 다양한 해석을 낳을 수 있다. 마치 '방과 방 사이' 게임처럼 비언어적 표현의 내용 전달은 대체로 생산자의 의도와는 멀어지게 된다.

'다다미 넉 장 반 세계일주'에서 '신체언어'를 보면 '나'는 옆에 앉은 남자가 자신을 신(神)이라고 지칭하자 남자에게서 시선을 거두고 먹던 라면에 시선을 다시 고정한다. 이것은 마치 말풍선이 비어있는 4컷 만화와 같다. '나'가 그 말을 헛소리로 받아들이고 무시하는 것일 수도 있고, 반대로 그 남자에게 공포를 느끼거나 관심을 가지고 있으나 그가 경계하지 않도록 태연한 척 하는 것일 수도 있고, 아니면 그저 배가 고파서 라면을 먹는 것일 수도 있다. 속마음을 공개하는 언어적 표현이 주어지기 전끼지는 이 중 무엇이 정답인지 모른다.

4) 비언어적 표현의 몰입 정도

소설처럼 언어적 표현을 이용해서 묘사를 하려고 한다면, 장면 자체를 묘사하는 것은 기본이고 인물, 상황. 그 상황에서 느끼는 인물의 감정에 대한 묘사 등 수용자가 몰입할만한 근거를 제시하기 위해 상당한 분량을 할애해야 한다. 그러나 애니메이션은 소설이 수십 페이지에 걸쳐 구축해야할 장면을 시·청각적인 요소를 이용하여 단 한순간에 보여줄 수 있다. '몰입의 질' 관점에서 보면 표현의 힘 자체가 중요하기 때문에 언어·비언어적 표현의 구분은 의미가 없다. 하지만 몰입을 위해 필요한 분량, '분량의 효율성'의 관점에서 보면 언어적 표현보다 비언어적 표현을 통한 수용자의 몰입 정도가 상대적으로 높다. 언어적 표현에 대한 독자의 이해 속도는 독자의 사고 속도를 따라잡을 수 없지만 비언어적 표현은 독자의 사고 속도에 맞춰서 표현할 수 있다.

'다다미 넉 장 반 세계일주'의 '해설'을 보면 짧은 분량 안에 방대한 정보를 담아 언어적 표현과 비언어적 표현을 동시에 사용해서 하숙집에 관해 이야기한다. 언어적 표현의 이해 속도는 수용자의 사고 속도를 따라가지 못하기 때문에 수용자는 언어적 표현에 담긴 내용을 이해하는 데는 실패하지만, 비언어적 표현의 이해 속도는 사고 속도를 따라가므로 수용자는 비언어적 표현에 담긴 내용을 이해하는 데는 성공한다.

이와 같이 언어적 표현은 내용 전달은 명확하나 몰입 정도가 낮았고, 비언어적 표현은 내용 전달은 불명확하나 몰입 정도는 높았다.

물론, 모든 언어적 표현과 비언어적 표현의 역할이 내용 전달과 몰입으로 명확하게 나뉘는 것은 아니다. '핑퐁 더 애니메이션'의 '신체언어'를 보면 탁구부 선배들이 훈련에 빠진 페코의 행방을 물으며 스마일을 괴롭히는 장면에서 선배들은 스마일에게 인상을 쓰고 삿대질을 하고, 스마일은 시선을 아래로 고정한다. 여럿이 한 명을 둘러싼 험악한 분위기에 수용자 또한 긴장하여 몰입하여 보는 동시에 스마일의 내려가는 시선이나 선배의 삿대질과 같은 동작을 통해서 대사가 없더라도 어떤 상황인지 파악이 가능하다.

'다다미 넉 장 반 세계일주'의 '해설'을 다시 보면 '나'는 하숙집에 대한 정보를 전달하는 동시에 TV 예능 프로그램인 '개그 콘서트'의 '수다맨'처럼 쉴 틈을 주지 않고 정보를 쏟아내며 빠져나갈 틈을 주지 않는다. 이와 같이 장면 안에는 복수의 언어적 표현과 복수의 비언어적 표현이 뒤섞여 있고, 하나의 표현이 내용 전달과 몰입 두 가지 역할을 전부 하는 경우도 허다하다.

7. 결론

애니메이션의 이해과정에서 언어적 표현은 주로 내용 전달의 주체가 되는 동시에 비언어적 표현의 몰입을 보조하기도 하고, 때로는 자신이 몰입의 주체가 되는 경우도 있다. 비언어적 표현은 주로 몰입의 주체가 되는 동시에 언어적 표현의 내용 전달을 보조하기도 하고, 때로는 자신이 내용 전달의 주체가 되는 경우도 있다.

언어적 표현은 음성/문자언어로, 비언어적 표현은 청각/시간 표현으로 다시 나뉘고 세부적으로는 대화, 생각, 해설, 노래 가사, 제목, 정보 자막, 번역 자막, 디테일, 말투, 언어 외, 음향, 배경음악, 신체언어, 만화적 표현, 카메라 기법, 편집의 16개 표현으로 분류할 수 있다.

본문의 표현 분류에서는 예시 장면마다 대표적인 한 가지 표현만을 다루었으나, 대부분의 장면은 복수의 표현들이 융합되어 등장한다. 그래야 내용 전달과 몰입, 두 마리 토끼를 동시에 잡아 수용자를 몰입시키는 동시에 생산자의 메시지를 전달할 수 있기 때문이다.

이와 같이 애니메이션에는 다양한 표현들이 사용된다. 그 중에서도 애니메이션만의 독특한 특성은 만화적 표현으로 극복되는 카메라의 제약과 현실 인식의 벽에서 나온다. 이 글에서는 시각적인 만화적 표현만을 다루었으나, 만화적 표현은 시각에만 국한되지 않는다.

똑같이 마법사를 다룬 영상물인 영화 '해리포터'와 애니메이션 '꼬마 마법사 레미'를 비교해보면, 전자는 '아브라카다브라'하는 주문과 함께 '파지직'하는 실감나는 효과음이 나가지만, 후자는 '삐리카 삐리랄라'라는 주문과 함께 '뾰로링'하는 효과음이 제시된다. 만일 전자와 후자의 주문과 효과음이 바뀌었다면, 수용자는 웃음보가 터졌을 것이다.

TV, 영화 등의 영상매체를 접하는 수용자들은 그것이 현실이 아님에도 불구하고, 무의식중에 그 내용이나 표현을 현실과 비교하여 비판적인 태도로 받아들인다. 반면에 애니메이션을 접하는 수용자들은 상대적으로 관용적인 태도를 보인다. 어느 정도 비현실적인 내용이 나오더라도 '만화니까' 납득한다. 앞서 말한 '현실 인식의 벽'을 수용자가 스스로 거두어 보다 적극적으로 생산자의 표현을 수용한다.

기술의 발달로 표현의 한계는 점차 줄어들고 있다. 애니메이션의 표현 역시 질의 관점에서 보자면 사진과 구분이 되지 않는 수준의 극사실주의적인 표현이 가능해졌고, 양의 관점에서 보자면, CG, 모델링, 컴퓨터 편집 기술 발전 등을 통해 보다 효율적인 작업이 가능해졌다. 이전보다 더 사실적인 표현을 전보다 더 적은 시간과 수고를 들여서 만들게 되었다고 할 수 있다.

표현의 종류 역시 기술 발전에 힘입어 점차 늘어나고 있는 추세이다. 초창기 애니메이션에는 촬영 및 상영 기술의 부재로 인해, 본문에서 분류한 16가지 표현 중 반도 쓰이지 못했다. 이는 영화 등의 영상매체 역시 마찬가지이다. 최초의 유성영화 재즈싱어(The Jazz Singer, 1927)가 나온 것도 100년이 채 되지 않았지만, 영상매체는 후시녹음시대를 지나 동시녹음시대에 접어들어 이제 영상에서 소리가 나오는 것은 당연한 일이 되었다. 그뿐만 아니라 촬영 장비(스마트폰), 상영 매체(유튜브) 등도 발달하여 누구나 손쉽게 영상을 만들고, 자신이 만든 영상을 상영할 수 있는 세상이 왔다.

앞으로도 표현 기술은 점점 더 발전하여, 언젠가는 냄새, 맛, 진동 등으로 일부만 구현되는 4D가 당연해 질 수도 있고, VR기술의 발전으로 작품 한복판에 서있는 듯 생생함을 느끼거나, 일종의 가상현실처럼 작품의 내용 자체에 관객이 개입할 수 있는 애니메이션이 나올지도 모른다.

　이처럼 기술이 발전할 때마다 생산자들은 새로운 기술에서 새로운 기법을 찾아내고, 어떻게 하면 수용자에게 메시지를 더 효과적으로 전달할 수 있을지 고민을 거듭하여 새로운 표현을 만들어낸다. 10년 후 애니메이션에는 어떤 표현들이 등장할지 벌써부터 기대가 된다.

참고자료

나무위키, "다다미 넉 장 반 세계일주",
    https://namu.wiki/w/%EB%8B%A4%EB%8B%A4%EB%AF%B8%20%EB%84%89%
    20%EC%9E%A5%20%EB%B0%98%20%EC%84%B8%EA%B3%84%EC%9D%BC%
    EC%A3%BC, (2017.10.29.)

네이버 국어사전, "대화", http://krdic.naver.com/detail.nhn?docid=9409500, (2017.11.05.)

네이버 국어사전, "배경음악", http://krdic.naver.com/detail.nhn?docid=15935000,
    (2017.11.05.)

네이버 국어사전, "표현", http://krdic.naver.com/detail.nhn?docid=40805700, (2017.10.31.)

네이버 국어사전, "효과음", http://krdic.naver.com/detail.nhn?docid=43508200,(2017.10.31.)

네이버 지식백과, "롱테이크", http://terms.naver.com/entry.nhn?docId=1236807&cid=40942
    &categoryId=33091, (2017.10.31.)

네이버 지식백과, "영화 편집", http://terms.naver.com/entry.nhn?docId=2275346
    &categoryId=51144&cid=42219, (2017.10.31.)

네이버 지식백과, "줌 아웃", http://terms.naver.com/entry.nhn?docId=1650879&cid=50337
    &categoryId=50337, (2017.11.05.)

위키백과, "핑퐁(만화)", https://ko.wikipedia.org/wiki/%ED%95%91%ED%90%81_(%EB%A7%
    8C%ED%99%94)#.EC.A4.84.EA.B1.B0.EB.A6.AC, (2017.10.29.)

wikipedia, "ping pong(manga)",
    https://en.wikipedia.org/wiki/Ping_Pong_(manga), (2017.10.29.)

영화의 장르별로 형상화되는 등장인물의 성격 분석

박 준 민

1. 서론

부산국제영화제(BIFF)는 세계 여러 장르의 영화가 부산으로 모여드는 동아시아 최고의 영화 축제로, 정치적 개입으로 잠시 흔들리기도 하였으나 2017년 제22회를 맞이하며 전 세계 300편에 가까운 영화를 상영하는 대한민국의 대표적인 영화제이다.

이 글은 영화제에서 상영된 영화의 장르별로 등장인물의 성격이 어떻게 형상화되고, 어떠한 언어적·비언어적 요소로 표현되고 있는가를 살펴볼 것이다.

장르(Genre)란 프랑스어로 '갈래'와 '분야'를 가리키며 모든 예술 세계에서 전반적으로 쓰이는 용어이다. 특히 영화는 산업성과 대중성이라는 변별점으로 인하여 그 어떤 예술보다도 인력과 자본이 집약적이며 대중에게 있어 친화적인 분야라는 특성을 지니고 있는데, 이에 따라 한 사람의 예술적 재능에만 의존하기 어렵다는 점과 손익분기점을 넘고자 더 많은 관객을 유도해야 한다는 점이 맞물려 안정성을 위해 기존의 성공 모델을 따른 것을 시작으로 영화의 장르가 형성되었다고 할 수 있다.[1] 이처럼 영화의 장르가 대중에 의해 형성되는 만큼 등장인물의 성격도 장르별로 다양하게 드러날 것이다.

---

1) 정영권(2017), 영화 장르의 이해, 아모르문디, 12~16쪽.

등장인물의 수많은 성격요인들은 영국의 독일출신 심리학자 한스 아이젱크(Hans Eysenck)가 주장한 성격분류를 활용하는데, 아이젱크는 인간의 성격을 〈그림1〉과 같이 '감정적 · 안정적' 이느냐와 '외향적 · 내향적' 이느냐에 따라 2가지 차원으로 분류하였다. 이렇게 나누어지는 성격의 차원들은 각각 내향적 · 감정적 차원, 외향적 · 감정적 차원, 내향적 · 안정적 차원, 외향적 · 안정적 차원이 있으며 성격의 중복이 발생하기도 한다.

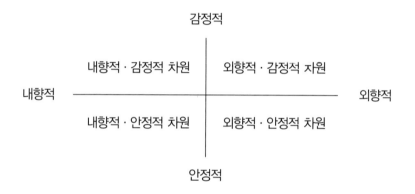

〈그림1〉 2차원 그래프로 도식화시킨 한스 아이젱크의 차원별 성격분류 [2]

또한 언어적 요소에는 문자언어와 음성언어를, 이를 제외한 몸짓, 기호, 표정 등은 비언어적 요소로 분류하여 등장인물 성격의 형상화 분석을 하였다.

---

2) Eysenck,H.J.(1967), The biological basis of personality, Transaction Publishers.

2. 언어적·비언어적 요소를 통한 장르별 등장인물 성격의 형상화 분석

1) 뮤지컬 장르 '잔 다르크의 어린 시절'

'잔 다르크의 어린 시절(Jeannette: The Childhood of Joan of Arc, 2017)'은 프랑스의 시인이자 사상가인 샤를 페기(Charles Péguy)의 희곡 〈잔 다르크, Jeanne d' Arc〉를 각색한 뮤지컬 장르의 프랑스 영화로, 백년전쟁의 영웅이 되는 잔 다르크가 신의 계시를 받은 유년기부터 출전을 결심하게 되는 청소년기까지의 일화를 다루었다.

뮤지컬은 춤과 노래를 기반으로 이야기가 진행되는 장르로, 유럽의 대중적인 형식이었던 오페레타(Operetta)와 영미권의 버라이어티 쇼에 가까운 보드빌(Vaudeville)이 발전하여 유성영화가 시작되는 20세기 초부터 본격적으로 융성하기 시작하였다.[3] 이야기의 진행을 이끌어 가는 춤과 노래가 등장하는 파트가 영화 상영시간의 절반 이상을 차지하는 만큼, 뮤지컬 장르의 영화를 제작할 때는 그 내용에 맞추어 대중들이 좋아할 수 있도록 춤과 노래를 원작에서 각색하거나 새롭게 창조하는 일이 비일비재하다. 그러나 영화 '잔 다르크의 어린 시절'은 새로움을 추구하는 브루노 뒤몽(Bruno Dumont)의 연출작답게 관객들이 전혀 생각하지 못한 춤과 노래로 영화를 색다르게 이끌어 나간다.

잔 다르크는 농촌에 살고 있는 어린 소녀임에도 인생과 종교에 관한 생각이 깊고 타인을 배려할 줄 아는 인물로 그려진다. 이는 초반부에서 강가를 거닐며 신을 찬양하는 노래를 부른다든지, 전쟁으로 인해 방황하

---

3) 정영권(2017), 영화 장르의 이해, 아모르문디, 158~159쪽.

는 아이들에게 자신이 먹어야 할 빵을 준다든지, 조국이 전쟁의 고통을 겪지 않도록 신에게 기도를 하는 모습 등에서 내향적·안정적 차원의 성격임을 알 수 있다. 하지만 이러한 성격은 특정한 사건을 거치면서 변화하고, 각기 다른 세 가지 요소를 통하여 형상화된다. 언어적 요소로는 노래와 대사가 있으며 비언어적 요소로는 행동이 있는데, 이 세 가지 요소중에 노래는 작품에서 잔 다르크의 성격의 형상화를 주도적으로 이끌고 있는 핵심적인 요소이다. 잔 다르크의 성격은 〈표1〉을 바탕으로 설명하겠다.

〈표1〉 잔 다르크의 성격 분석

장르(Genre)	뮤지컬(Musical)		
등장인물	잔 다르크(Jeanne d' Arc)		
기본 성격	내향적 · 안정적 차원		외향적·안정적 차원
	사려 깊음, 온건함, 평온함		생기 넘침
성격의 변화	사려 깊음 → 유보적 → 적극적		
형상화 방식	언어적 요소		비언어적 요소
	노래	대사	행동
	록(Rock) 음악이 연상되는 찬송가	구어체와 문어체가 섞인 희극적 대사	손과 머리를 흔드는 등의 과장된 표현
형상화된 성격	적극적, 사려 깊음, 온건함	사려 깊음, 생기 있음, 주도적	적극적, 반응적, 생기 있음, 주도적

첫째, 언어적 요소는 노래이다. 작품에 나오는 노래의 가사는 후술할 대사처럼 구어체와 문어체가 섞여 있어 종교적이면서도 철학적인 내용으로 이루어져 있는 반면, 노래의 반주는 마치 록(Rock)이 연상되는 EDM(Electronic Dance Music) 반주로 이루어진다. 보통 록 음악에서

다루는 주제가 자유와 저항이라는 점을 고려하면 작품의 종교적인 가사가 조화롭지 않다고 판단할 수 있으나, 강렬한 반주가 잔 다르크의 깊은 고뇌가 담긴 가사와 어우러지면서 작품의 주제에 맞게 흘러가고 있음을 확인할 수 있다. 작품 초반에 등장하는 노래들이 잔 다르크의 깊은 생각을 나타내는 가사와 함께 잔 다르크의 기본 성격을 사려 깊고 온건한 성격으로 형상화시키고 있다면, 신의 계시를 받게 되는 중·후반부에서 등장하는 노래들은 잔 다르크의 고뇌에 담긴 종교적인 가사와 함께 잔 다르크를 적극적인 성격으로 이야기의 진행을 이끌어 간다.

둘째, 잔 다르크를 포함하여 작중 인물들의 대사들은 모두 구어체와 문어체가 섞여 있어 진지하고 극적이다. 신을 향해 물음을 던질 때, 친구와 대화를 할 때, 수녀들에게 질문을 할 때, 가족들과 대화를 할 때 등 어떠한 상황이든 간에 그 내용은 언제나 친숙하다기보다는 극적인 느낌이 들 정도로 진지하다.

대개 문어체 대사는 정보나 등장인물의 내면을 오로지 '설명'이라는 정보 전달 목적을 위한, 구어체에서 사용되는 일상적인 말투를 제거한 완벽한 문법을 갖춘 대사이다. [4] 즉, 자신의 의사를 주변 사람들에게 친근하게 전달할 수 있는 구어체와 함께 대화의 내용이 극적인 느낌이 들 수 있도록 문어체를 대사로 사용하는 것이다. 작품의 초반부에서 잔 다르크의 종교적인 관점이 적극적으로 드러나는 대사를 제외하고 잔 다르크는 기본 성격인 '사려 깊음'에 맞는 대사를 하면서 내향적·안정적 차원의 성격을 유지한다. 하지만 타인들과 대화를 하면서 점차 성격의 변화가 이루어지기 시작하고, 중반부에서 신의 계시를 받게 되는 시점에서 성격의 변화는 외향적인 차원으로 정점을 찍게 된다. 신의 계시에 따른

---

4) 박우성(2017), 영화 언어, 아모르문디, 22쪽.

'의무'와 '책임'으로 인해 유보적인 성격으로 변화가 잠시 정체되지만, 결국에는 신의 계시를 따르기로 결정하며 사려 깊은 성격을 유지하되 외향적 성격으로 형상화된다.

셋째, 비언어적 요소인 행동이다. 행동은 노래만큼이나 성격의 형상화 과정에서 적지 않은 역할을 담당하고 있다. 기존의 상업적인 뮤지컬에서는 내용에 알맞게 춤이나 동작을 구사하려고 한다. 그러나 이 작품에서는 애초부터 록 음악에 맞추어 과장된 동작을 보여준다. 이는 노래와 마찬가지로 이질적이기는 하나 작품의 주제를 그대로 유지하면서 잔다르크의 생기 있는 성격을 어린아이답게 생동감 있게 움직이는 방식으로 형상학하는 역할을 한다. 그리고 작품이 전개될수록 증가하는 종교에 대한 질문과 신의 계시를 통해 이러한 행동들은 점차 잔 다르크의 성격을 외향적 차원으로 형상화시킨다.

이와 같이 노래를 중심으로 나타나는 언어적·비언어적 요소를 통해 본디 내향적·안정적 차원에 속하여 사려 깊은 성격으로 지내고 있던 잔다르크는 조국의 미래를 향한 걱정과 종교적인 질문을 대사와 행동으로 나타내면서 점차 외향적 차원으로 성격이 변화한다. 신의 계시로 인한 고민으로 잠시 감정적 차원에서 유보적인 성격을 보이지만, 결국 신의 부름에 응답함에 따라 외향적·안정적 차원의 적극적인 성격으로 변화한 것이다.

2) 판타지 장르 '셰이프 오브 워터: 사랑의 모양'

영화 '셰이프 오브 워터: 사랑의 모양(The Shape of Water, 2017)'은 1960년대 냉전 당시의 미국을 배경으로 한 작품으로, 잔혹하면서도 신비로운 사건이 벌어지는 판타지(Fantasy) 장르의 미국 영화이다. '놀랍고 신기하다' 라는 뜻을 지니고 경이로운 정서를 중요하게 여기는 판타지 장르에서 현실에서 존재할 수 없는 마법이 존재하는 세계관의 구축은 어드벤쳐(Adventure), 즉 모험의 관점에서 무척이나 중요한 일이다. [5]

작품의 배경은 1960년대 냉전시대로 역사적인 면에서 지극히 현실적이나, 초월적인 존재를 등장시켜 마법적인 요소를 부여하여 판타지 세계를 구축하였다. 길예르모 델 토로(Guillermo del Toro) 감독의 작품답게 전작인 '판의 미로(Pan's Labyrinth, 2006)'에서처럼 신화적인 스토리텔링으로 이야기를 진행하는 동시에 어른을 상대로 잔혹한 요소를 포함한 동화적인 느낌이 들 수 있도록 한 것이 주요한 특징이다.

이 작품의 주인공은 엘라이자로, 판타지 세계의 초월자를 도와주는 조력자로 볼 수도 있으나 모든 인물과 사건은 그녀를 중심으로 이루어진다. 엘라이자는 농아라는 장애를 지니고 있어 현실적인 관점에서 자기발전에 한계가 있을 수밖에 없는 인물이며, 알고 지내는 인물들을 제외하고는 의사소통이 힘들다는 점에서 자신의 의견을 제대로 드러낼 수 없는 소극적인 인물이다. 하지만 시간이 날 때마다 자기를 위로하는 행위를 하고, 노래와 춤을 좋아하여 아무도 모르게 가끔씩 춤을 추거나 상상을 하는 등 삶을 살아가는 데에 있어 생기 있는 성격도 지니고 있다. 즉, 내

---

5) 정영권(2017), 영화 장르의 이해, 아모르문디, 122쪽.

향적으로나 외향적으로나 안정적 차원의 성격을 지니고 있는 인물이라
할 수 있는데, 그녀의 성격을 형상화하는 주요한 요소는 3가지가 있다.
언어적 요소로는 수화가 있고 비언어적 요소에는 시선과 행동이 있는데,
여기에서는 수화를 핵심 요소로 분석하였다. 엘라이자의 성격은 〈표2〉
를 바탕으로 설명하겠다.

〈표2〉 엘라이자의 성격 분석

장르(Genre)	뮤지컬(Musical)		
등장인물	엘라이자 에스포지토(Elisa Esposito)		
기본 성격	내향적 · 안정적 차원	외향적·안정적 차원	
	수동적, 통제됨, 일관성 있음	개방적, 반응적, 생기 있음	
성격의 변화	수동적 → 불안함 → 공격적 → 적극적 → 우울함 → 걱정 없음		
형상화 방식	언어적 요소	비언어적 요소	
	수화	시선	행동
	표정의 변화와 함께 몸짓과 손짓으로 자신의 의사표현	시간의 흐름을 의식하는 시선	즉흥적으로 감정에 따라가는 행동
형상화된 성격	주도적, 적극적, 사교적	통제된, 수동적	반응적, 생기 있음

먼저 살펴볼 언어적 요소는 수화로, 비언어적 요소로 착각할 수 있는
요소이다. 그렇지만 수화는 구체적인 정의를 갖추고 있고 의사소통을 할
수 있는 하나의 규칙으로 정립되어 있기에, 비록 표정과 몸짓만으로 이
루어져 있다고는 하나 언어적 요소로 인정받는다.

소리는 들을 수 있으나 목소리를 낼 수 없는 엘라이자에게 수화는 알
고 지내는 인물들과 소통할 수 있는 유일한 소통의 매개체이다. 따라서
작품에서도 그녀는 자신의 의견을 전달할 때마다 수화를 사용하며, 몸짓

과 표정의 강약을 조절하며 자신의 의사를 있는 그대로 표현한다. 어쩔 수 없이 거짓말을 해야 하는 상황을 제외하고는 솔직하게 자기 의사를 표현하고 있어, 주도적이면서도 적극적인 성격이라 할 수 있다. 그리고 초월적인 존재를 만나고 나서부터 내향적 차원에 속해있던 기본 성격이 점차 외향적·감정적 차원으로 변화하게 된다. 하지만 무엇보다 중요한 점은 초월적인 존재와 유일하게 소통할 수 있는 언어가 수화라는 점이다. 초월적인 존재는 인간과 소통이 되지 않아 작품 초반에 고통을 받으나, 엘라이자와 수화를 하면서 인간과 소통을 할 수 있게 되었기 때문이다. 작품을 이끌어가는 동시에 엘라이자에게 변화의 계기를 제공하는 주체가 초월적인 존재이기 때문에 엘라이자의 성격이 형상화되는 과정에서 수화가 얼마나 중요한 역할을 하고 있는가를 확인할 수 있다.

비언어적 요소로는 시선과 행동이 있다. 초반부까지만 하더라도 시선은 엘라이자가 소심하면서도 수동적인 성격임을 형상화하고 있다. 소리에 민감하게 반응하며 시선을 돌리는 점, 항상 달력이나 알람 같은 시간적 요소에 시선을 응시하는 점, 알고 지내는 인물과는 달리 타인에게는 시선을 회피한다는 점에서 드러나고 있다.

시선이 기본 성격을 내향적·안정적 차원으로 형상화시키고 있다면, 행동은 반대로 외향적·안정적 성격을 형상화시키고 있다. 엘라이자가 타인이나 시간에는 소심하면서도 수동적이기는 하나, 감정적인 행위만큼은 솔직하게 표현하고 있기 때문이다. 특히 중반부에 초월적인 존재에게 위기가 다가오게 되자 엘라이자가 때에도 부들부들 떨거나 친구에게 도움을 요청할 때 불안해하는 모습에서 이를 확인할 수 있다.

이와 같이 엘라이자의 기본 성격은 수동적이면서도 통제되고 있으나 생기가 있으면서도 반응적인 성격으로 안정적 차원의 성격을 유지하고 있다. 하지만 초월적인 존재를 만나게 되면서 점차 감정적으로 성격이 변화하기 시작하고, 초월적인 존재가 위기에 처하자 불안함과 공격적 성격을 보이게 된다. 초월적 존재를 자신의 곁에 두고 나서야 감정적 차원으로 치달았던 성격은 다시 안정적으로 소강되다가, 이별을 앞두게 되면서 다시 감정적 차원으로 올라가 우울해진다. 그렇지만 결과적으로 초월적인 존재와 영원한 삶을 살게 되었으므로 외향적·안정적 차원의 성격으로 마무리된다.

3) 다큐멘터리 장르 '센난 석면 피해 배상소송'

영화 '센난 석면 피해 배상소송(ニッポン國VS泉南石綿村, 2017)'은 하라 카즈오(原一南)감독이 일본 정부를 상대로 센난 지역에서 석면으로 고통을 받는 피해자들의 배상소송을 투쟁이 시작되는 2008년부터 대법원으로부터 최종 판결을 받는 2016년까지, 8년이라는 긴 시간 동안 촬영한 다큐멘터리(Documentary) 장르의 일본 영화이다. 카메라라는 특정한 시각을 바탕으로 이루어지는 세계의 재현이 다큐멘터리의 특성인 만큼, 하라 카즈오 감독 역시 관객과의 대화에서 8년간의 과정을 어떻게 현실적으로 재현할지, 어떠한 방식으로 촬영을 하고 캡쳐를 하며 편집을 할지에 관하여 무척이나 애를 먹었다고 언급하였다. [6] 그런 점에서 8년이라는 긴 시간 동안 이루어진 배상소송 과정을 3시간의 영화로 어떻게 다루었으며, 이 과정에서 피해자들의 인생사와 투쟁을 어떻게 재현해 냈는지가 이 작품에서 눈 여겨 보아야 할 부분이라 할 수 있다. 또한 작품의 원제인 '일본국 대 센난 석면 피해자(ニッポン國VS泉南石綿村)'에서

---

6) Nichols, Bill(2001), 이선화 역(2005), 다큐멘터리 입문, 한울아카데미, 56쪽.

일본이라는 국가명이 외국어를 표기하는 카타카나로 표기되어 있다는 점에서 감독이 작품의 주제를 얼마나 객관적이고 비판적으로 바라보고 있는지를 확인할 수 있다.

작품에 등장하는 인물들은 3시간에 걸친 상영시간 만큼 수없이 많으나, 그 중에서도 센난 석면 피해자들을 중심으로 살펴보겠다. 영화의 전체적인 이야기라 할 수 있는 배상소송의 원고들이라는 점도 이유라 할 수 있으나, 무엇보다 언어적 · 비언어적 요소인 인터뷰와 행동이 그들에게 집중되어 있기 때문이다. 피해자들의 성격은 〈표3〉를 바탕으로 설명하겠다.

〈표3〉 센난 석면 피해자들의 성격 분석

장르(Genre)	다큐멘터리(Documentary)	
등장인물	센난 석면 피해자들	
기본 성격	내향적 · 감정적 차원	
	우울함, 조용함, 비관적	
성격의 변화	우울함 → 적극적 → 주도적 → 평온함	
형상화 방식	언어적 요소	비언어적 요소
	인터뷰	행동
	피해자들의 인생사를 전부 상세하게 촬영한 인터뷰	정부의 사죄를 받고자 석면 피해 사실을 모두에게 알리면서 벌이는 투쟁
형상화된 성격	우울함, 조용함, 비관적	공격적, 낙관적, 적극적, 주도적

먼저 살펴볼 언어적 요소는 인터뷰로, 소송 진행과 함께 작품의 주된 전개를 맡고 있다. 인터뷰에서 피해자들의 모습은 다양하게 드러나고, 성격도 이에 따라 다르게 형상화되고 있다. 하지만 그들을 인터뷰할 때

거의 공통적으로 형상화되고 있는 기본 성격이 있으니 그것은 바로 우울한 성격이다. 피해자들의 인터뷰는 전반적으로 소송에 관한 내용을 다룬다기보다는 소송을 벌이는 과정에서 드러나는 인생사를 다루는 데에 초점이 맞추어져 있다. 이 때문에 피해자들의 삶이 전반적으로 불행하였고 석면과 관련된 일을 어쩔 수 없이 해야 했다는 점 등이 비극적으로 드러난다. 이러한 피해자들의 우울한 성격이 그들의 덤덤하면서도 슬픔을 억누르고 있는 인터뷰를 통해 내향적 · 감정적 차원에서 형상화 되고 있다. 그리고 이는 정부에 대한 비판적인 시각을 효과적으로 드러낸다.

다음으로 분석할 비언어적 요소는 행동으로 법원 앞에서 투쟁을 하는 모습이다. 인생이 결부되어 있는 소송인만큼 공격적으로 반응하는 동시에 주도적이면서도 적극적으로, 외향적 차원으로 형상화되고 있다. 소송과정에서 벌어지는 비정상적인 정부의 대응에 공격적인 성격을 표출하기도 하나, 결국 대법원에서 승소 판정을 받으면서 감정적 차원으로 치달았던 성격은 외향적 · 안정적 차원의 낙관적인 성격으로 형상화되며 정리된다.

이와 같이 비관적이고 우울하며 조용하게 형상화되었던 피해자들의 기본 성격은 인터뷰를 통해 드러나는 동시에 투쟁을 통한 행위와 연결이 되면서 외향적 · 감정적 차원으로 변화되어 간다. 간혹 비정상적인 상황으로 인해 감정적인 차원에서 크게 공격적으로 변하기도 하지만 외향적 · 안정적 차원에 속하는 낙관적인 성격으로 형상화되며 마무리된다.

4) 공포 장르 '귀신 이야기'

　영국 영화 '귀신 이야기(Ghost Stories, 2017)'는 제레미 다이슨(Jerem Dyson) 감독의 공포(Horror) 장르 영화이다. 공포 장르가 결핍 속에서 억압된 어두운 욕망을 질서와 규범을 악몽처럼 파괴는 데에 사용하여 극적인 카타르시스(Katharsis)를 주는 특성이 있는 만큼, 영화에서도 인간 내면의 어둠을 효과적으로 끌어내고자 시각적, 청각적 효과를 사용하고 있다. [7]

　주인공인 필립 굿맨 교수는 불행한 과거로 인한 내면의 어둠을 지니고 있으나 기본적인 성격은 객관성을 추구하는 학자답게 침착하면서도 이성적이다. 하지만 이러한 성격은 영화가 전개됨에 따라 변화하게 된다. 필립의 성격은 〈표4〉를 바탕으로 설명하겠다.

〈표4〉 필립 굿맨의 성격 분석

장르(Genre)	공포(Horror)			
등장인물	필립 굿맨(Philip Goodman)			
기본 성격	내향적 · 안정적 차원		외향적·안정적 차원	
	통제된, **주의 깊음**, 일관성 있음		주도적, 반응적	
성격의 변화	주의 깊음 → 유보적인 → 경직됨 → 불안함			
형상화 방식	언어적 요소		비언어적 요소	
	대사		기호	표정
	구어체로 조사하는 대사	비현실적 상황에서의 대사	특정 대상을 연상시키는 지표(Index)	진실에 가까워져 가는 표정
형상화된 성격	주의 깊음	경직된, 불안함	유보적, 불안함	흥분됨, 불안함

---

7) 정영권(2017), 영화 장르의 이해, 아모르문디, 103쪽.

먼저 살펴볼 언어적 요소는 대사로, 중반부까지만 해도 필립은 학자답게 객관성을 유지하며 구어체를 사용하고 사연을 조사하는 등 신중하고 이성적인 성격이 드러나는 언어를 사용한다. 필립은 비록 불행한 과거에서 비롯된 내면의 어둠을 지니고 있으나 이를 극복하고 사회에서 드러나는 기이한 현상들을 이성적이고 합리적으로 해결하려는 인물이므로, 초반부 대사에서는 주도적이면서 주의 깊은 성격이 드러나고 있다. 하지만 진실에 다가가면서 필립의 대사는 점차 상황에 답을 할 수 없을 정도로 내용이 부족한 대사로 변모해가고, 이를 통해 필립의 성격 역시 불안하면서도 경직되어 있는 내향적·감정적 차원으로 변해간다.

비언어적 요소에는 작품 중간마다 등장하는 기호가 있다. 성격의 형상화에 별다른 의미가 없을 수도 있겠으나, 도달하는 진실에 커다란 영향을 주기 때문에 비언어적 요소에 포함한다. 작품에 등장하는 기호에는 소소한 소품과 숫자 등이 있는데, 이들은 기호의 특성 중에 지표(Index)에 해당하는 것들이다. 지표란 대상과의 관련성을 토대로 대상을 연상시킬 수 있는 기호이다.[8] 이러한 지표들은 후반부에 진실이 드러나면서 주인공의 성격이 진실에 대한 불안함이라는 감정적 차원으로 바뀌어가는 과정을 이끌어 간다. 처음에는 잠시 마주치거나 지나가는 식으로 나타나던 기호적 요소들이 진실이 드러나는 순간부터 필립의 의식과 현실에 나타나 필립을 공포로 몰아넣는 장면에서 이를 확인할 수 있다.

그 밖에도 비언어적 표현으로 표정이 있는데, 대사와 기호 이상으로 성격의 형상화에 있어 중요한 요소이다. 이야기의 진행이 대사를 통해 이루어지고 지표 기호가 사용되고 있지만, 무엇보다도 등장인물의 표정이 극적인 변화로 드러나면서 성격이 형상화되기 때문이다. 초반부의 필

---

8) 이태영 외(2000), 언어와 대중매체, 신아출판사, 22쪽.

립의 표정은 학자로서 이성을 유지하고 있으므로 기이한 느낌을 받는 순간을 제외하고 전반적으로 변화가 없는 편이다. 그렇지만 자신이 그토록 두려워하던 내면의 어둠과 부딪히게 되면서 안정적 차원의 기본 성격이 감정적 차원의 불안한 성격으로 변화하게 되고, 감정의 기복이 심해져 공포에 사로잡힌 표정으로 변화하게 된다.

필립의 주의 깊은 성격은 뜻밖의 진실에 다가가면서 결정을 망설이는 유보적인 성격으로 변하였다가 결국에는 불안함으로 형상화된다. 이는 필립의 이름에서 굿맨(Goodman)이라는 성의 의미와 연관을 지어 설명할 수 있는데, 겉으로는 좋은 사람으로 보이는 필립이 실제로는 내면의 어둠을 진실과 함께 감추려는 아이러니한 성격의 형상화 과정이라 할 수 있다.

5) 서스펜스 스릴러 장르 '메이헴'

영화 '메이헴(Mayhem, 2017)'은 서스펜스 스릴러(Suspense thriller) 양식의 미국 영화로, 공포영화 제작 업체에서 일했던 조 린치(Joe Lynch) 감독의 작품이다.

영화의 장르는 크게 보면 관객들에게 긴장감을 유발하는 스릴러로 볼 수 있으나, 사건의 정보를 관객에게 미리 알려주며 조바심이나 긴장감을 극적인 효과로 유발하는 점을 보면 서스펜스 스릴러라고 할 수 있다. 사람을 소비재로 여기는 폐쇄적인 직장문화를 잔인하면서도 우습게 풍자하는 블랙 코미디(Black Comedy)로 진행하면서, 잔인한 장면을 효과적으로 드러내고자 폭력과 함께 직설적인 비속어가 영화 내내 표출된다.[9]

---

9) 정영권(2017), 영화 장르의 이해, 아모르문디, 146~147쪽.

주인공인 데릭 조는 변호사답게 기본 성격이 내향적·안정적 차원에 속한 인물이다. 간혹 수세에 몰릴 때마다 방어 기재로서 말이 많아지기는 하나, 초반에 등장하는 데릭의 기본 성격은 전반적으로 주의 깊은 성격이라 할 수 있다. 그렇지만 이러한 성격은 여러 사건으로 인해 급작스럽게 감정적 차원으로 변화한다. 데릭의 성격은 〈표5〉를 바탕으로 설명하겠다.

〈표5〉 데릭 조의 성격 분석

장르(Genre)	서스펜스 스릴러(Suspense thriller)			
등장인물	데릭 조(Derek Cho)			
기본 성격	내향적·안정적 차원		외향적·안정적 차원	
	사려 깊음, **주의 깊음**, 통제됨,		주도적, 말이 많은	
성격의 변화	주의 깊음 → 불안한 → 공격적인 → 태평한			
형상화 방식	언어적 요소		비언어적 요소	
	대사		기호	행동
	이성적으로 상황을 설명하는 대사	거칠고 직설인 비속어 대사	실제 상황을 유사하게 그린 도상(Icon)	여러 방법으로 상대를 해치는 행동
형상화된 성격	주의 깊음	공격적, 흥분됨	평온함, 걱정 없음	공격적, 흥분됨, 충동적

먼저 살펴볼 언어적 요소는 대사이다. 영화의 장르가 스릴러인 만큼, 상황이 발생할 때 마다 등장인물의 대사는 긴장감을 유발할 수 있도록 긴박하면서도 진지하다. 데릭 역시 직업이 변호사인 만큼 상황을 논리적으로 분석하는 대사를 하며, 이를 통해 주의 깊은 기본 성격이 형상화된다. 그렇지만 바이러스 감염 사건으로 인하여 감정적 차원으로 치닫게

되면서 거칠고 직설적인 비속어[10]를 사용하게 되고, 이는 데릭의 공격적인 성격을 형상화한다.

비언어적 요소들에는 그림과 행동이 있다. 작품에는 중간마다 등장하는 데릭의 그림이 있다. 데릭은 작품에서 등장하는 특정 장면을 그림으로 그리고 있는데, 이는 기호의 유형 중 도상(Icon)에 속한다. 도상은 실재 사물과 유사하게 그려놓은 그림으로 물리적 표현체와 그 의미 사이에 사실적 유사성에 바탕을 두고 있다.[11] 데릭의 그림에서 묘사되는 장면들은 데릭의 시점에서 이미 모든 것이 끝난 상황들이다. 그런 점에서 데릭의 그림은 데릭의 성격이 평온하면서도 걱정이 없는 안정적 차원의 성격으로 형상화되었음을 나타내고 있는 것이다.

하지만 무엇보다도 이 작품에서 가장 중요한 요소는 바로 행동이라할 수 있다. 특히 영화 내내 드러나는 폭력적인 행동은 관객들에게 자극적인 장면을 시각적으로 보여줌으로써 데릭의 성격이 감정적으로 크게 변화하고 있음을 각인시키고 있다. 데릭은 목표를 달성하고자 임무를 수행하는 것처럼 여러 방법으로 상대방을 해치는 폭력적인 행동을 하며, RPG(Role Playing Game)게임[12]과 유사하게 다음 장소로 이동한다. 이는 데릭의 공격적이고 충동적인 감정적 차원의 성격을 형상화시키고, 목표를 달성할 때까지 유지된다.

본디 주의 깊었던 데릭의 성격은 모종의 사건을 계기로 폭력적인 행동을 통해 감정적 차원의 성격을 표출하며 목표로 나아가고, 마침내 목

---

10) 비속어는 내용이 거친 조직 문화나 폭력적 남성성을 현실감 있게 환기함으로서 영화의 전개에 있어 개연성과 핍진성을 이끌어가며, 비록 그 말이 상스럽게 느껴질 지라도 작품에서처럼 진행 과정에 있어 상당히 중요하게 다루어지는 대사의 부수적인 요소이다. 박우성(2017), 영화 언어, 아모르문디, 43쪽.

11) 이태영 외(2000), 언어와 대중매체, 신아출판사, 22쪽.

12) 가상세계에서 모험의 주인공이 되어 이야기를 진행하는 게임. 류종화(2015), 게임의 장르, 게임메카.

표를 달성하게 되자 커다란 깨달음을 얻게 되면서 평온하면서도 걱정 없이 그림을 그리는 안정적 차원의 성격으로 마무리된다.

3. 결론

영화는 장르에 따라 언어적 · 비언어적 요소를 통해 등장인물의 성격을 다양한 방식으로 형상화하고 있다.

영국의 철학자 스티브 닐(Steve Neale)은 '장르는 반복의 차이다. 그것이 바로 관객의 기쁨이다.' 라고 하였다. [13] 이는 같은 장르의 영화에는 비슷한 면이 존재하지만, 경우에 따라 차이가 존재할 수 있음을 내포하고 있다. 즉, 장르에 따라 등장인물의 성격이 다양한 방식으로 형상화되나, 같은 장르일지라도 성격의 형상화가 각각 다르게 나타남을 의미하는 것이다.

같은 장르일지라도 등장인물 성격의 형상화 방식이 100% 일치할 수 없다. 장르가 곧 영화의 전체적인 틀을 형성하는 것은 사실이나, 영화가 추구하는 주제를 바꿀 수는 없기 때문이다. 영화의 장르에 관한 비교 분석은 앞으로도 계속 되어야 할 것이다.

---

13) 김윤아(2016), 영화 스토리텔링, 아모르문디, 68쪽.

참고문헌

김윤아(2016), 영화 스토리텔링, 아모르문디.

류종화(2015), 게임의 장르, 게임메카.

박우성(2017), 영화 언어, 아모르문디.

이태영 외(2000), 언어와 대중매체, 신아출판사.

정영권(2017), 영화 장르의 이해, 아모르문디.

Eysenck,H.J.(1967), The biological basis of personality, Transaction Publishers.

Nichols, Bill(2001), 이선화 역(2005), 다큐멘터리 입문, 한울아카데미.

부산국제영화제(BIFF)의
오프라인 마케팅과 온라인 마케팅 연구

정 현 정

1. 서론

1) 연구 배경

인터넷이라는 매체가 등장하면서 마케팅의 척도는 크게 바뀌었다. 인터넷을 중심으로 다양한 온라인 마케팅 구축이 증가하였으며 이는 축제와 영화에서도 적용되었다. 다양한 매체를 이용한 마케팅이 발전하기 전에는 주로 영화제목과 포스터를 보고 관람할 영화를 선택했다. 즉 수용자가 영화를 선택하는데 참고할 만한 사전정보가 많지 않았다. 그러나 오프라인(off-line)·온라인(on-line) 매체의 종류가 증가하면서 포스터와 예고 영상뿐 아니라 다양한 영화 마케팅이 이루어진다. 영화의 앞부분을 웹툰으로 그려내어 대중의 호기심을 자극하거나 스타강사가 등장하여 인터넷 강의처럼 영화와 관련된 역사 지식을 쉽게 전달하는 방식을 취하여 영화에 대한 이해도를 높이기도 한다.

또한, 그동안 신문과 TV를 중심으로 일방향적인 마케팅을 진행했다면 이제는 양방향 소통 형식으로 마케팅의 형태가 변화하였다. 블로그와 SNS의 경우 발신자가 게시물을 올리면 댓글이나 '좋아요' 등으로 수신자의 의견을 적극적으로 표현할 수 있다. 이러한 수신자의 의견은 마케팅의 방향을 수정하거나 다음 단계의 마케팅에 있어서 방향을 잡는 역할을 한다.

영화와 축제산업의 규모가 커짐에 따라 부산국제영화제(Busan International Film Festival)도 더욱 주목받고 있다. 부산국제영화제는 새로운 작가를 발굴, 지원해 아시아 영화의 비전을 모색한다는 취지로 1996년에 시작된 국내 최초의 국제영화제다. 부산은 2017년까지 총 22회 개최한 이 영화제를 통해 국내 영상 문화의 중심지가 되었고 아시아 최대 규모의 국제 영화제를 개최하였다.[1] 부산국제영화제 집행위원회에 따르면 2017년 22회 부산국제영화제를 찾은 관람객 수는 19만 2991명으로 지난해 16만 5149명보다 17% 가량 증가하였다.[2]

글로벌 시대를 맞이하여 국제광고[3]의 중요성이 더욱 떠오르면서 온라인과 오프라인 마케팅을 구분 짓지 않는 경우도 많아지고 있는데 부산국제영화제도 마찬가지이다. 부산국제영화제의 수요범위는 국내뿐만 아니라 세계까지 확장되므로 영화제 안에서 국제적인 오프라인과 온라인 마케팅이 활발하게 이루어지고 있다.

2) 연구 목적 및 방법

최근 영화산업과 축제산업의 규모가 매우 증가하고 있다. 이는 수요자 역시 눈에 띄게 증가한다는 뜻이기도 하다. 또한 인터넷을 기반으로 한 온라인 마케팅이 활발히 이루어지면서 마케팅 형식이 다양화 되고 마

---

1) 강효원, 「예년보다 못했던 부산국제영화제, 그래도 난 또 갈 거다」, 「오마이뉴스」, 2017. 10. 29, http://star.ohmynews.com/NWS_Web/OhmyStar/at_pg.aspx?CNTN_CD=A0002370602&CMPT_CD= P0010&utm_source=naver&utm_medium=newsearch&utm_campaign=naver_news.

2) 김종섭, 「올해 부산국제영화제 19만 2991명 관람」, 「국제뉴스」, 2017. 10. 22, http://www.gukjenews.com /news/articleView.html?idxno=805475.

3) 광고는 도달하는 지역적 범위에 따라 구분한다. 국내시장을 대상으로 하는 광고를 국내광고라 하며, 전국 소비자를 대상으로 하는 전국광고와 특정 지역의 소비자를 대상으로 하는 지역광고 등이 있다. 반면에 세계시장을 대상으로 하는 광고를 국제광고라 한다. 김주호 외, 「광고학개론」, 이프레스, 2015, pp.32~33.

케팅 종류도 증가하고 있다.

부산국제영화제는 외적인 측면으로 보았을 때, 다른 영화축제와 크게 차이가 없어 보일 수 있다. 다양한 종류의 부스가 설치되고 곳곳에 배너가 휘날리며 가끔 가수들의 공연이 있다.[4] 외적으로 부산국제영화제를 보면 특별한 점이 없어 보일 수 있으나 미시적으로 보면 그렇지 않다. 바다와 육지가 공존하는 아름다운 도시 부산에 '영화'가 더해져 시너지효과를 내기 때문이다. 또한, 마케팅 수단이 다양해진 만큼 매체별 언어와 비언어적 표현도 다양해졌다.

이에 이 글에서는 제22회 부산국제영화제의 온라인과 오프라인 마케팅에서 보이는 언어적 · 비언어적 특성을 분석하고 각각의 마케팅 특성이 수용자에게 미치는 효과를 살펴보고자 한다.

2. 부산국제영화제의 오프라인 마케팅

1) 오프라인 마케팅 개념

일반적으로 오프라인과 온라인은 컴퓨터 기술과 전자 통신에서 비롯된 용어로 직결과 비직결이라는 표현으로 각각 대체할 수 있다. 오프라인은 온라인의 조건에 포함되지 않는 것으로 전원 대상이 연결되지 않은 상태이거나 꺼져있는 상태를 말한다.[5] 따라서 인터넷의 사용 유무에 따라 온라인과 오프라인을 구분할 수 있다.

---

4) 강효원, 「예년보다 못했던 부산국제영화제, 그래도 난 또 갈 거다」, 『오마이뉴스』, 2017. 10. 29, http://star.ohmynews.com/NWS_Web/OhmyStar/at_pg.aspx?CNTN_CD=A0002370602&CMPT_CD=P0010&utm_source=naver&utm_medium=newsearch&utm_campaign=naver_news.
5) 김윤겸, 「온라인 마케팅과 오프라인 마케팅에 빅데이터가 미치는 영향」, 호서대학교 석사학위 논문, 2015.

오프라인 마케팅이란 실제로 볼 수 있거나 만질 수 있는 등의 광고 형태를 뜻한다. 체험 마케팅, 방문 판매 그리고 우리가 흔히 생활 범위 내에서 다양한 매체를 통해 쉽게 접할 수 있는 TV, 라디오, 옥외광고 등이 있다. 이 글에서는 이 중에서 공식 포스터, 티켓 카탈로그, 가이드맵, 잡지, 옥외광고, 비프 빌리지(BIFF VILLAGE), GV(Guest-Visit)에 대해 살펴보겠다.

2) 오프라인 마케팅 유형

① 공식 포스터

'컬러마케팅'이란 오늘날 제품이나 공간의 구매력을 강화하는 가장 중요한 변수로, 색을 설정하고 색의 효과를 시장 상황과 적극적으로 연결시키는 경영기법과 전략을 통칭하는 말이다.[6] 이와 같이 '컬러마케팅'이라는 마케팅 용어가 사용될 정도로 마케팅에서 색채의 활용이 적극적으로 필요하며, 광고에서도 색채 역할이 중요하게 작용한다.

〈그림1〉 제22회 부산국제영화제 공식 포스터[7]

---

6) 한국색채학회, 『컬러마케팅』, 지구문화사, 2012, p.10.

7) 부산국제영화제 공식 홈페이지, http://www.biff.kr/Template/Builder/00000001/page.asp?page_num
=4609&Location=0102.

〈그림1〉의 제22회 부산국제영화제의 공식 포스터에 사용된 색을 살펴보면 전체적으로 파랑색으로 이루어져 있다. 거친 파도를 헤치며 지난 시간 동안 꿋꿋하게 성장해 온 부산국제영화제를 표현한 것이다. 공식 포스터에서 가장 많은 비중을 차지하며 중심 색상으로 자리 잡은 파랑은 희망과 고요를 상징한다. 많은 사람들이 선호하는 색상일 뿐만 아니라, 자기 확신·믿음·생명력 등 긍정의 의미를 담고 있다. 또 파랑은 물을 나타내어 부산의 바다를 형상화하기도 한다. [8]

공식 포스터 속 푸른빛의 단조로운 패턴들은 단순하고 똑같아 보일 수 있지만, 자세히 들여다보면 결코 같지 않은 다른 색채와 형태의 파편들이 모여 있음을 발견할 수 있다. 그 결과 전체적으로 볼 때 하나로서의 일체감과 깊이가 느껴진다. 마치 부산의 아름다운 바다와 힘차고 젊은 기운들이 뒤엉킨 듯한 푸른빛의 단색화는 보기만 해도 깊은 웅장함과 광활한 에너지가 흐르는 듯한 느낌을 전하고 있다. 또한 흰색에서 점점 짙어지는 푸른빛을 가득 머금은 이번 포스터는 22년의 시간 동안 깊이를 더해가며 아시아를 대표하는 영화제로 성장한 부산국제영화제의 넓고 깊은, 선 굵은 세계관과도 닮아있다. 거친 파도를 헤치며 지난 시간 동안 꿋꿋하게 성장해 온 부산국제영화제의 세계관을 담고 있는 것이다. [9] 이처럼 공식 포스터는 비언어적 요소인 색채를 통해 수용자에게 메시지를 전달하고자 한다.

공식 포스터에는 부산국제영화제를 상징하는 심볼과 회차, 축제가 진행되는 날짜만 명시되어 있을 뿐 특별히 홍보하는 문구는 보이지 않는다. 공식 포스터의 언어적 요소는 수용자가 필요한 최소한의 내용을 간

---

8) 한국색채학회, 『컬러마케팅』, 지구문화사, 2012, p.29.
9) "2017 BIFF 공식 포스터", 부산국제영화제, http://www.biff.kr/Template/Builder/00000001/page.asp?page_num=4609&Location=0102.

단하게 전달하고 있다. '22nd BUSAN' 이라는 문구를 제일 위쪽에 위치하고 줄을 나눔으로써 '부산' 이라는 지리적 위치 또한 확실하게 인지하게 한다.

이상과 같이 공식 포스터는 언어적 요소보다 비언어적 요소를 활용하여 메시지를 전달하고 있음을 알 수 있다. 무엇보다 파랑이라는 색채를 통해 부산의 상징인 바다를 연상시키고 수용자의 이목을 집중시킨다.

② 인쇄매체 – 티켓 카탈로그, 가이드맵, 잡지

일반적으로 인쇄매체란 많은 사람들이 읽을 수 있는 형태에 광고물이 게시될 수 있는 것을 의미한다. [10] 이 글에서는 종이 인쇄물인 티켓 카탈로그, 가이드맵, 잡지를 중심으로 살펴보고자 한다.

〈그림2〉 제22회 부산국제영화제 티켓 카탈로그 [11]

먼저 〈그림2〉의 티켓 카탈로그를 살펴보면 표지의 앞면은 공식 포스터로, 뒷면에는 스폰 기업인 'ARTISTRY' 의 광고로 구성되어 있다. 내

---

10) 인쇄매체란 인쇄가 된 것으로 광고를 할 수 있는 공간이 있는 것이다. 인쇄가 된 종이나 종이가 아니더라도 판형이나 간판형태도 인쇄매체라고 할 수 있다. 그러나 보통의 의미에서 인쇄매체라고 하면, 많은 사람들이 읽을 수 있는 형태에 광고물이 게시될 수 있는 것을 의미한다. 김주호 외, 『광고학개론』, 이프레스, 2015, p.345. 이 글에서는 판형이나 간판형태는 뒤의 '옥외광고' 에서 다룬다.
11) 부산국제영화제 공식 홈페이지, http://www.biff.kr.

지에는 앞으로 개봉 예정인 영화와 다른 스폰 기업의 광고, 상영일정표가 있다. 상영일정표 앞에는 등급과 극장 등 일정표 보는 법을 1페이지로 설명한다. 7페이지 가량의 상영일정 소개를 마치면 티켓구매 안내 방법이 나온다. 이 티켓구매 방법은 한국어와 영어로 기재되어 있다.

다음으로 본격적인 영화제 상영 영화가 소개되며 개막작ㆍ폐막작이 먼저 소개되어 있다. 페이지 가장 위에는 영화의 제목을, 제목 아래에는 영화의 한 장면을 사진으로 배치하였고 영화의 상영장소 및 시간과 함께 영화 내용에 대한 간단한 소개가 있다. 페이지 왼쪽에는 감독 사진과 감독에 대한 소개도 간단하게 되어 있다. 영화 소개와 감독 소개 역시 한국어와 영어로 기재되어 있다.

특이한 점은 영화 제목이 영어로 먼저 나오며 폰트도 한국어 제목보다 좀 더 크다. 한국어 제목은 영어 제목 아래, 영어보다는 조금 작은 크기의 폰트로 실려 있다. 한국에서 개최하는 영화인데도 불구하고 영어 제목이 먼저 기재되어 있는 것을 보아 국제적인 영화제에 맞추어 외국인에게도 영화의 정보를 편리하게 전달하고자함을 알 수 있다. 즉 수용자를 한국인으로 한정짓지 않고 외국인까지 고려하여 세계시장을 대상으로 하는 국제영화제의 국제광고로서의 기능을 하고 있다.

영화 소개는 상영시간 순이 아니라 부산국제영화제에서 나눈 섹션별로 구성되어 있다. 섹션에 대한 2~3줄 정도의 간단한 설명을 통해 수용자가 보고자 하는 섹션을 먼저 선택한 후 해당하는 영화를 쉽게 찾아 볼 수 있도록 구성하였다.

영화 소개 중간마다 부산국제영화제 개최를 축하하는 각 나라의 축사를 실었다. 오픈시네마, 미드나잇 패션까지 소개가 끝나면 다시 스폰 기업의 지면광고 후 영화제가 진행되는 극장의 약도와 지하철 노선도가 소개되어 있다.

　부산은 서울에서 멀리 떨어져 있으며 영화제가 10일에 걸쳐 진행된다는 점을 고려하여 숙박과 연결된 셔틀버스를 배치하였고 이를 안내하는 것을 카탈로그에 실었다. 단순히 영화를 소개하는 카탈로그가 아니라 부산을 방문하는 관광객도 고려하고 있다는 점을 파악할 수 있다.

　아쉽게도 모든 영화의 사진이 소개되지는 않는다. 개막작과 폐막작, 섹션을 대표하는 영화 정도만 사진이 포함되어 있다. 사진을 모두 실었다면 영화의 정보를 파악하는 것은 도움이 되지만 그만큼 카탈로그의 크기가 커지거나 두꺼워져 휴대하기 불편할 수 있다. 광고면에서 색채나 광고모델 등 비언어적 요소를 주로 사용했다면, 영화 정보 관련 쪽은 언어적 요소가 더 많이 사용되었다.

〈그림3〉 제22회 부산국제영화제 가이드맵

　영화제 기간 동안 영화가 상영되는 극장이나 영화의 전당 등 주요 장소에 위치한 안내데스크에서 〈그림3〉과 같은 가이드맵을 구할 수 있다. 가이드 맵은 병풍접지로 구성되어 있으며, '2017 BIFF GUIDE MAP 가이드맵' 문구가 크게 위치해 있어서, 수용자가 가이드맵이라는 사실을 쉽게 파악하고 정보를 얻을 수 있다. 가이드맵을 펼치면 앞면에는 카탈로그에 실린 셔틀버스와 지하철 노선 및 중요 위치가 표시된 지도가 등장한다. 그러나 카탈로그와 동일한 지도는 아니다. 카탈로그보다 광고지면이 더욱 넓어진 만큼 건물의 모양, 산과 바다를 그림으로 표현하였다.

육지를 초록색으로 표현하여 가이드맵 앞면에는 초록색이 대부분을 차지한다. 이는 산과 연결되어 그려진 그림 때문이기도 하지만 초록색이 주는 효과도 있다. 초록색은 생명, 희망, 생존의 상징이다.[12] 초록색은 조용해 보이지만 소원을 성취하게 하는 저력과 희망을 제공한다.[13] 무엇보다 초록색은 눈을 편안하게 하는 효과가 있어 수용자가 지도를 편안하게 볼 수 있다. 일러스트는 지도를 어려워하는 수용자가 지도에 대해 거부감을 가지지 않고 쉽게 위치를 파악할 수 있게 한다.

영화 잡지인 '씨네21'은 안내데스크와 영화의 전당 등 영화를 상영하는 극장에서 구할 수 있다. '씨네21'은 영화제 공식 일간지로써 영화제 소식을 대중에게 전해준다. 영화를 선택할 수 있도록 영화 소개글도 실려 있다. 카탈로그와 다르게 영화 제목을 한국어로 먼저 표기하였다. 영어 제목은 한국어보다 명도가 낮게 사용하였다. 단순히 공식홈페이지에 소개된 글이 아니라, 기자와 영화평론가 등 영화전문가가 영화에 대한 소개를 하여 티켓 카탈로그나 공식 홈페이지와는 또 다른 정보를 얻을 수 있다. 영화 모두 사진도 함께 실려 있어 영화의 분위기나 장면을 쉽게 상상할 수 있다. 또한 영화제에서 상영하는 영화의 배우와 감독의 인터뷰를 통해 영화의 관전 포인트, 알지 못했던 새로운 정보를 획득할 수 있다.

인쇄매체는 고관여 매체에 해당한다. 매체를 읽는 사람이 신경을 써 가며 한 글자씩 읽어 가면서 앞의 내용을 이해해야 뒤로 넘어가는 특징

---

12) 한국색채학회, 『컬러마케팅』, 지구문화사, 2012, p.30.
13) 하랄드 브램, 『색의 힘』, 일진사, 2010, p.103.

이 있다. 문장들이 수용자의 흥미에 따라 감각기억과 단기기억에 노출되는 것이다. 이처럼 오프라인 마케팅은 원하는 시간에 반복해서 볼 수 있다. 또한 한 명만 보는 것이 아니라 돌려가면서 다른 사람도 볼 수 있으며 동시에 많은 사람이 볼 수 있다. [14)

③ 옥외광고

장소나 공간을 이용하여 오프라인 마케팅을 진행할 수도 있다. 옥외광고는 건물의 밖에 설치하는 게시물을 뜻한다. 광고업계에서는 대개 가로 8m, 세로 4m 크기의 간판을 옥외광고 매체로 보고 있다. [15) 그러나 이 글에서는 옥외광고를 건물의 밖에 설치하는 모든 게시물로 보고 간판은 물론, 버스에 부착하는 광고와 조형물까지 포함하고자 한다.

제22회 부산국제영화제의 옥외광고에서 가장 많이 볼 수 있는 색은 공식 포스터의 파랑색이 아닌 빨강색이다. 영화의 전당, 비프 빌리지 등 주요 행사장에서 빨강색을 쉽게 볼 수 있다. 영화의 전당 건물 한쪽 창에는 흰색 폰트를 사용하여 영어로 'BUSAN International Film Festival'을 크게 표기하였다. 이 공간은 자칫하면 눈에 띄지 않을 수 있지만 빨강색 배경과 흰색 글씨를 함께 매치하여 시선을 집중시킨다. 곳곳의 펜스 역시 빨강색으로 이루어져 있으며 'BIFF 2017'이라는 간략한 문구를 통해 영화제를 알리고 있다.

〈사진1〉과 같은 매표소 역시 빨강색 간판과 천막, 컨테이너까지 모두 빨강색이다. 빨강색은 사랑에서 증오, 좋고 나쁜 것과 같은 모든 종류의 열정을 대표하는 색으로 힘차고 역동적이며 강렬한 느낌을 준다. 이러한

---

14) 김주호 외, 「광고학개론」, 이프레스, 2015, p.346.
15) "옥외광고", 두산백과, http://terms.naver.com/entry.nhn?docId=1128877&cid=40942&categoryId= 31766.

이미지는 사람들의 감각과 열정을 자극하고, 자기 확신과 자신감을 보다 강렬하게 나타낸다. 또한 다른 사람의 시선을 끄는 효과가 뛰어나기 때문에 주의를 집중시키며 강조하고 싶을 때 주로 사용한다.[16] 영화제에서도 빨강색을 사용하여 수용자의 이목을 집중시키고 축제의 힘차고 역동적인 느낌을 전달한다.

〈사진1〉 영화의 전당 매표소

〈사진2〉 영화의 전당 조형물

영화의 전당 광장 입구에는 〈사진2〉와 같이 규모가 큰 'BIFF'의 조형물을 통해 영화제의 존재감을 나타내고 있다. 광장의 쿠션 역시 하늘에서 바라보면 BIFF 모양으로 배치되어 있다. 영화의 전당 곳곳에 설치된 X배너는 홀로 서있기 보다 5개의 X배너를 일렬로 정렬하여 영어로 '10월 부산국제영화제' 라는 하나의 문구가 완성되도록 배치하고 있다.

영화의 전당에서 조금 떨어진 BIFF거리에서도 마케팅 광고는 활발하게 이루어지고 있다. 거리 입구에 '부산국제영화제' 라고 쓰여 있는 조형물과 거리상점의 파라솔은 영화제의 심볼을 활용하였다. 이를 통해 거리를 걷는 것만으로도 영화제를 충분히 즐길 수 있다.

---

16) 한국색채학회, 『컬러마케팅』, 지구문화사, 2012, p.40.

〈사진3〉 제22회 부산국제영화제 가로수 배너

부산 곳곳에 영화제를 알리는 〈사진3〉과 같은 가로수 배너가 일렬로 정렬되어 도보, 차량을 이용할 때 영화제를 인지할 수 있다. 가로수 배너는 공식 포스터에 사용된 파랑색과 공식 심볼의 빨강색 두 가지 버전이 있다. 파랑색의 경우에는 파랑색과 흰색을, 빨강색의 경우 빨강색과 흰색을 적절하게 사용하였으며 '부산국제영화제'라는 문구보다 '22회'라는 숫자를 더 강조하였다.

④ 비프 빌리지(BIFF VILLAGE)

부산국제영화제의 큰 특징은 해운대 해수욕장에 비프 빌리지가 마련된다는 점이다. 해운대 해수욕장 쪽으로 향하면 〈사진4〉에서 볼 수 있듯이 'BIFF VILLAGE'라는 문구와 함께 흰색과 빨강색으로 된 두 개의 기둥 조형물이 시선을 사로잡는다. 비프 빌리지 컨테이너 역시 모두 빨강으로 이루어져 멀리서도 눈에 띈다. 비프 빌리지에는 기념품을 구매할 수 있는 비프샵과 스폰 기업을 홍보하는 부스 등으로 구성되어 있다. 곳곳에 설치된 큰 전광판에는 앞으로 개봉될 영화 예고편과 스폰 기업의 광고를 보여준다.

〈사진4〉 BIFF VILLAGE 입구

비프 빌리지에서 진행한 마케팅 중 주목해야 할 것은 온라인 마케팅과 오프라인 마케팅이 동시에 이루어진 '오레오 오즈'의 마케팅이다. 이 역시 영화제의 스폰 기업으로써, 비프 빌리지에 방문한 소비자와 함께하는 체험 마케팅을 진행하였다. 비프 빌리지 광장에서 오레오 오즈의 캐릭터가 춤을 추고 사진을 찍어 자신의 SNS에 업로드하면 오레오 오즈 제품을 무료로 받을 수 있다. 이는 오프라인과 온라인이 합쳐진 마케팅으로, 오프라인의 특징인 발신자가 수용자에게 전달하는 일방향이라는 단점을 극복한 쌍방향 의사소통이 가능한 마케팅이다.

비프 빌리지에서는 영화제에서 상영되는 영화보다 앞으로 개봉 예정인 영화 홍보에 집중하였으며, 전체적으로 영화보다는 스폰 기업의 홍보에 집중하는 경향이 보였다. 일방향적인 광고는 대다수의 수용자가 선택하는 경우가 아니기 때문에 자칫하면 수용자에게 거부감을 줄 수 있다. 그러나 부산국제영화제라는 시기적 특성과 해운대 해수욕장이라는 장소적 특별함을 이용하여 전광판의 일방향적인 영상광고에 대한 거부감을 상대적으로 덜 느끼게 하였다.

또한 오레오 오즈처럼 양방향 의사소통을 통한 마케팅은 체험을 기반으로 하여 서비스가 제공되는 장소를 인상적으로 입력하여 수용자로 하여금 제품 또는 서비스를 이용하는 동안 수용자의 마음에 오랜 기간 각

인될 수 있다.[17)]

⑤ GV(Guest-Visit)

GV는 Guest-Visit의 약자로 영화 상영 후 감독 또는 배우가 관객과 만나는 시간을 의미한다. 영화의 내용에 대해 논하기도 하고 관객의 질의응답을 받으며 이야기를 나누기도 한다. 제22회 부산국제영화제에서 GV를 진행한 영화 중 하나인 '센난 석면 피해 배상소송'의 경우, 감독 하라 카즈오와 관객이 직접 질의응답하며, 영화 의도와 그동안 제작했던 영화와의 차이점, 차이점을 둔 까닭 등에 대해서 논의하였다. 이를 통해 영화를 관람한 수용자의 생각과 감독의 의도를 비교해 볼 수 있다. 또한 영화 관람으로는 알 수 없는 정보를 들음으로써 관객의 입장에서 영화를 풍성하게 이해할 수 있다.

따라서 GV가 진행되는 영화는 티켓 판매량이 일반 상영에 비해 높다. 영화를 제작한 감독이나 출연한 배우를 눈으로 직접 볼 수 있고 영화에 대한 이야기를 자유롭게 나눌 수 있기 때문이다. GV는 감독 또는 배우와 대화로 진행되기 때문에 대부분 언어적 요소로 구성되어 있다. 의사소통 과정에서 보이는 표정, 제스처, 시선 등과 같은 비언어적 요소는 부수적인 기능을 한다.

3) 오프라인 마케팅 효과

오프라인 마케팅의 가장 큰 목적은 부산국제영화제 일정과 상영 영화 등 부산국제영화제의 정보를 전달하는 것이다. 부산국제영화제의 정보

---

17) 김윤겸, 「온라인 마케팅과 오프라인 마케팅에 빅데이터가 미치는 영향」, 호서대학교 석사학위 논문, 2015.

를 효과적으로 전달하여 부산국제영화제의 특징과 스폰 기업을 홍보한다. 오프라인 마케팅은 생산자에 의해서 완성된 마케팅이며 생산자 위주의 정보 생산, 유통이 이루어진다. 한 번 제작되면 폐기되기 전까지는 상당히 오랜 시간 동안 존재하는데 이것은 오프라인 마케팅의 장점이기도 하다.

인쇄매체와 옥외광고처럼 오프라인 마케팅은 수용자의 의사와 관계없이 진행되지만 수용자의 기억에 항상 살아있게 하고 부산국제영화제를 기억하게 한다. 더불어 수용자에게 부산국제영화제에 대해 우호적인 태도를 가지게 하고 입소문 효과를 기대하기도 한다. 수용자를 부산국제영화제 참여하기를 설득하기보다는 부산국제영화제가 수용자의 기억에서 사라지지 않도록 하는 것이다.

3. 부산국제영화제의 온라인 마케팅

1) 온라인 마케팅 개념

온라인의 정의는 장치나 장비, 또는 실행 장치의 조건을 기반으로 하고 있다. 다른 장치의 직접 제어나 연결된 시스템의 직접 제어, 인간의 입력 없이 시스템에 의해 명령을 받아 즉각 사용 가능해야 하고 시스템과 연결되어 운영, 서비스에 기능적이고 사용할 준비가 되어있음의 조건에 하나라도 포함이 되어야 한다. 정보기술의 발전은 기업의 마케팅 활동을 2차원 공간에서 3차원의 공간으로 확장시켰다. 이제 제품의 전시나 영업 조직이 없어도 인터넷을 통해 간단하게 컴퓨터의 키보드나 마우

스만으로도 세계의 어느 지역의 기업, 가정, 개인과의 직거래가 가능한 시대가 되었다. [18]

온라인 마케팅이란 개인이나 조직의 욕구 또는 목표를 충족시키기 위해 인터넷 등의 전자적 커뮤니케이션 매체를 일부 또는 전적으로 이용하여 제품, 서비스, 또는 정보의 창조, 교환 과정의 개념화, 가격책정, 촉진 및 유통을 계획하고 집행하는 관리적 과정이다. [19] 온라인 마케팅에는 배너 광고, 팝업 광고, SNS 광고 등이 있다. 이 글에서는 이 중에서 공식 홈페이지, 공식 SNS를 살펴보겠다.

2) 온라인 마케팅 유형

① 공식 홈페이지

부산국제영화제 공식 홈페이지의 색은 전체적으로 검정색과 무채색으로 구성되어 있다. 검정은 오방색 중의 하나로 북쪽과 겨울을 나타내고 인간의 지혜를 나타내는 색이기도 하다. 어두움과 죽음을 상징하고 만물의 생사를 관장하는 신(神)의 색으로 쓰였다. 그러나 요즘에는 예전과는 달리, 첨단의 색으로 전자제품, 자동차, 인테리어, 의상 등 소품까지 많이 사용되는 색이다. 검정은 권위적이면서 고급스러운 이미지를 갖고 있으며 공식적인 느낌, 견고함, 품위를 나타낸다. [20] 22회 부산국제영화제의 공식 홈페이지 역시 검정의 상징을 이용하여 전체적으로 수용자에게 깔끔함과 고급스러운 느낌을 주며 무채색으로 안정감을 준다.

---

18) 오수균 외, 「마케팅원론」, 두남, 2010, p.457.
19) 김윤겸, 「온라인 마케팅과 오프라인 마케팅에 빅데이터가 미치는 영향」, 호서대학교 석사학위 논문, 2015.
20) 한국색채학회, 「컬러마케팅」, 지구문화사, 2012, p.50.

<그림4> 제22회 부산국제영화제
공식 홈페이지[21]

　〈그림4〉의 공식 홈페이지를 살펴보면, 상단에는 공식 심볼과 함께 '부산국제영화제', '프로그램', '상영시간표', '행사 가이드', '커뮤니티' 등으로 상위 메뉴가 구성되어 있다. 상위 메뉴를 클릭하면 그에 따른 하위 메뉴가 뜬다.

　먼저 '부산국제영화제'에는 22회 부산국제영화제에 대한 소개가 있다. 개최기관, 상영관, 상영작, 주요행사에 대해 간단하게 소개되어 있다. 이 밖에도 어워드 및 수상자, 심사위원 및 주요 게스트, 스폰서 등의 내용이 포함된다.

　상영 영화는 '프로그램' 메뉴에서 더 자세히 확인할 수 있다. 인쇄매체인 카탈로그와 동일한 섹션으로 영화가 분류되어 각각에 해당하는 내용 확인이 가능하다.

　'상영시간표'에서는 날짜, 극장, 섹션별로 영화의 정보를 알 수 있다. 카탈로그와 같은 인쇄매체에는 종이의 공간적 제한이 있어 사진을 모두 싣지 못하고 선택하여 싣는다. 이와 달리 온라인 공간은 공간적인 제약이 없으므로 사진을 여러 장 게재할 수 있다. 수용자가 영화에 대한 정보를 오프라인 매체보다 더 많이 획득하여 여러 영화와 비교하여 관람할

---

21) 부산국제영화제 공식 홈페이지, http://www.biff.kr.

영화를 선택할 수 있다. 또한 '감독의 인사말' 메뉴를 클릭하면 동영상으로 연결되어 감독의 인사말을 영상으로 볼 수 있다. 이러한 시청각 매체의 특성은 영화에 대한 충분한 사전 정보 제공으로 사용된다.

'행사가이드'는 행사에 관한 전반적인 내용, 티켓 예매와 현장 구매 방법이 안내되어 있다. 영화제 행사와 더불어 '부산관광가이드'라는 하위 메뉴도 존재하여 이 메뉴를 클릭하면 부산시문화관광 홈페이지(http://tour.busan.go.kr)로 이동한다. 영화제와 동시에 부산 관광을 유도하는 마케팅 생산자의 의도를 파악할 수 있다.

'커뮤니티'에서는 공지사항을 전달한다. 영화의 시간 및 장소 변경 등 영화에 관련한 정보부터 영화제 자원 활동가 모집 등 축제 전반적인 공지사항이 업로드 된다. '1:1문의', '네티즌리뷰'와 같이 부산국제영화제나, 영화에 대한 의견을 수용자가 직접 작성할 수도 있다.

공식 홈페이지의 주요 목적은 정보 전달이다. 따라서 지도, 영화 스틸컷, 인물 소개 외에는 글로 이루어진 경우가 많아 언어적 요소가 더 많이 사용되었다.

② 공식 SNS(Social Network Services/Sites)

부산국제영화제는 2017년 공식 SNS로 페이스북(https://www.facebook.com/busanfilmfest), 트위터(https://twitter.com/busanfilmfest), 인스타그램(https://www.instagram.com/busanfilmfest), 유튜브(https://www.youtube.com/channel/UCJB3MxLQsak5tT-Yvod2alA) 4가지 채널을 운영했다. 4가지의 SNS는 성격마다 조금씩 차이점을 보인다.

먼저 4가지 SNS의 공통점은, 언어적 요소인 글보다 비언어적 요소인 사진에 집중하여 부산국제영화제의 정보 전달과 홍보가 이루어진다. #22_BIFF, #부산국제영화제, #BIFFINTERVIEW 등의 해시태그를 통해 전달하려고 하는 핵심어가 잘 드러나며 정보 검색이 용이하다.

페이스북은 프로필 사진으로 공식 심볼을, 배경 사진으로 공식 포스터의 일부를 설정하였다. 2017년 10월 말 기준으로 약 10만 명이 팔로우를 하고 있으며 사진을 중심으로 게시물을 업로드 하였다. 사진은 크게 현장 사진 또는 문자가 함께 있는 포스터 형식으로 분류할 수 있다. 사진 여러 장을 하나의 게시물로 묶어 올릴 수 있다는 매체 특징을 이용하여, 각각의 사진이 이어져 스토리를 완성하는 형식을 사용하였다.

또한 영상을 업로드 하여 현장 분위기를 전달하거나 수상작품의 감독 인터뷰 등과 같은 영상을 시청할 수 있게 하였다. '좋아요', '최고예요', 댓글 등을 통해 수용자의 생각을 간단하게 표현할 수 있으며 질문이나 의사표현도 가능하다. '공유하기' 기능을 통해 해당 게시물을 개인 계정에 게시하고 SNS 친구를 맺은 사람과 이에 대해 댓글로 소통할 수 있다.

트위터도 페이스북과 프로필 인장과 배경이 같다. 페이스북보다 많은 약 18만 명이 팔로우하고 있으며 답글이나 멘션을 통해 수용자의 의견을 제시한다. 페이스북 공유하기 기능과 비슷하게 리트윗을 통해 개인 계정에 글을 공유할 수 있다.

인스타그램은 계정에 접속하면 이미지가 글과 함께 보이는 형식이 아니라 이미지만 바둑판 형식으로 보여진다. 이미지를 클릭해야만 글이 함께 나타난다. 프로필 사진 역시 공식 심볼이며 소개글에는 영화제 풀네임과 축제 날짜가 명시되어 있다. 인스타그램 역시 댓글과 '좋아요'를 통해 수용자의 의견을 표현할 수 있다. 해시태그가 활성화 되어 있는 세

종류의 SNS 모두 게시글은 해시태그를 사용하여 수용자가 정보검색에 용이하도록 하였다.

유튜브는 영상 채널로 위의 SNS에서 업로드 된 사진은 찾아볼 수 없지만 공식 홈페이지와 연결된 감독의 인사말 등을 영상으로 접할 수 있다.

SNS 마케팅의 특징은 양방향 의사소통과 개인화라고 할 수 있다. 개인화는 인터넷에 의해 생산자가 다양한 수용자의 요구에 부합하는 정보를 맞추어 제공하는 것을 말한다.[22] SNS는 '좋아요'와 답글 등의 기능으로 수용자의 의견을 빠르게 수집하고 실시간으로 변하는 수용자의 요구에 부합하는 맞춤형 콘텐츠를 제공할 수 있다. 따라서 SNS마케팅은 개인의 요구에 집중하며 최적화된 경험을 제공하는 개인화 마케팅에 적합하다.

SNS가 이미지와 영상에 집중되는 매체에 따라 비언어적 요소가 주로 사용되지만 이미지 안에 글을 넣어 포스터화 함으로써 언어적 요소도 함께 사용하고 있다. 해시태그를 사용하여 주요 단어를 눈에 띄게 하고 정보 검색을 용이하게 하는 것도 언어적 요소라고 할 수 있다.

3) 온라인 마케팅 효과

온라인 마케팅은 양방향으로 의사소통이 가능하여 마케팅에 대한 피드백이 빠르다. 댓글의 기능을 사용하여 수용자의 의견을 적극적으로 반영할 수 있다. 공식 홈페이지와 공식 SNS의 댓글달기를 비교하면 공식 홈페이지보다 공식 SNS가 글을 작성하는 것이 조금 더 쉬우며 접근성이

---

22) 오수균 외, 『마케팅원론』, 두남, 2010, p.458.

좋다. 공식 홈페이지는 수용자가 글을 남길 수 있도록 마련된 게시판이 따로 존재하여 그 곳에만 한정적으로 의견을 낼 수 있지만 SNS는 게시물마다 댓글달기를 이용하여 바로 의견을 제시할 수 있기 때문이다.

정보 전달을 목적으로 하는 공식 홈페이지는 언어적 요소가 주를 이루었지만 수요자와 소통이 더욱 용이한 SNS는 비언어적 요소가 더 많이 사용되었다. SNS는 글과 이미지, 영상 모두 사용되지만 게시물을 게시할 때 이미지와 영상이 중심으로, 글은 부수적으로 구성되어 있다. 공간 배치에 있어 이미지와 영상이 글보다 넓은 공간을 차지하며 글 위에 이미지와 영상이 위치한다.

생산자 위주의 정보의 생산, 유통, 소비는 커뮤니케이션 테크놀로지의 발전에 의해서 정보에 대한 통제권을 수용자에게로 넘겨줄 것을 요구하고 있다.[23] 온라인 마케팅은 기존 오프라인 마케팅에서의 일방향적인 흐름을 양방향적인 상호작용으로 바꾸고 생산자의 정보 역시 재생산된다. 양방향적인 상호작용으로 인해 온라인 마케팅은 실시간 서비스가 가능하고 제품의 정보를 제공하면서 정보에 대한 질문이나 불만 사항에 즉각 대응할 수 있다.

또한 개인화를 통해 수용자의 선호도와 의견 측정이 가능하다. 홈페이지의 경우 문의 게시판 또는 유선전화로 문의 된 내용을 분석하여 '자주 묻는 질문' 공간을 별도로 구성하였다. 기념품 역시 조회수 등의 정보를 분석함으로써 조회수가 높은 상품을 중심으로 더욱 홍보하고 다음 회차의 기념품을 제작하는데 기본 데이터로 사용한다.

---

23) 김영순 외, 『문화, 미디어로 소통하기』, 논형, 2004, p.232.

4. 결론

이 글에서는 부산국제영화제의 오프라인 마케팅과 온라인 마케팅에 대해 살펴보았다. 오프라인 마케팅으로 공식 포스터, 인쇄매체, 옥외광고, 비프 빌리지, GV의 특징과 효과를, 온라인 마케팅으로 공식 홈페이지와 공식 SNS의 특징과 효과를 알아보았다.

부산국제영화제는 오프라인 마케팅과 온라인 마케팅을 효과적으로 연계하여 수용자에게 접근한다. 오프라인 마케팅의 경우 수용자 범위는 불특정다수이고 마케팅 방향은 일방향적이며 통제권은 생산자에게 있다. 폐기되기 전까지 오랜 시간 존재한다는 오프라인 마케팅의 효과를 이용하여 예정되어 있던 계획이나 공지사항을 전달하고 부산국제영화제와 상영되는 영화를 홍보하는 것에 집중하였다. 수용자의 의도와 관계없이 홍보물을 보여주는 오프라인 마케팅은 수용자에게 부산국제영화제를 의식하게 하고 인식시킨다.

온라인 마케팅의 경우 수용자 범위는 개인이고 마케팅 방향은 쌍방향적이며 통제권은 수용자에게 있다. 수용자의 의견을 적극적으로 반영하여 빠른 피드백을 할 수 있다는 장점을 이용하여 공지사항 외에도 22회 부산국제영화제 기간 동안의 진행 상황이나 당일의 스케줄을 이미지와 영상을 통해 전달한다.

부산국제영화제는 오프라인 마케팅과 온라인 마케팅에 언어적 요소와 비언어적 요소를 함께 사용하였다. 오프라인 마케팅의 잡지와 GV, 온라인 마케팅의 공식 홈페이지에서는 언어적 요소가 더 많이 사용되었고, 이를 제외하고는 언어적 요소보다 비언어적 요소의 사용 빈도가 더 높았다. 특히 비언어적 요소 중 색채의 사용이 활발하였다.

마케팅 전체적으로는 비언어적 요소의 사용빈도가 조금 더 높지만 언어적 요소의 중요도가 떨어지는 것은 아니다. 언어적 요소는 간소화 되어 최소한의 정보만을 전달하여 빈도가 낮지만 가장 중요한 정보를 전달할 때는 모두 언어적 요소를 이용한다.

이처럼 언어적 요소와 비언어적 요소, 오프라인 마케팅과 온라인 마케팅을 적절히 활용할 때 마케팅 효과는 더욱 증폭된다. 앞으로도 효과적인 마케팅을 통해 부산국제영화제가 더욱 발전하기를 기대한다.

참고문헌

김영순 외, 『문화, 미디어로 소통하기』, 논형, 2004.

김윤겸, 「온라인 마케팅과 오프라인 마케팅에 빅데이터가 미치는 영향」, 호서대학교 석사학위
　　　논문, 2015.

김주호 외, 『광고학개론』, 이프레스, 2015.

오수균 외, 『마케팅원론』, 두남, 2010.

하랄드 브램, 『색의 힘』, 일진사, 2010.

한국색채학회, 『컬러마케팅』, 지구문화사, 2012.

강효원, 「예년보다 못했던 부산국제영화제, 그래도 난 또 갈 거다」, 『오마이뉴스』, 2017. 10. 29,
　　　http://star.ohmynews.com/NWS_Web/OhmyStar/at_pg.aspx?CNTN_CD=A00023
　　　370602&CMPT_CD=P0010&utm_source=naver&utm_medium=newsearch&utm_
　　　campaign=naver_news.

김종섭, 「올해 부산국제영화제 19만 2991명 관람」, 『국제뉴스』, 2017. 10. 22,
　　　http://www.gukjenews.com/news/articleView.html?idxno=805475.

부산국제영화제 공식 유튜브, https://www.youtube.com/channel/UCJB3MxLQsak5tT-
　　　Yvod2alA.

부산국제영화제 공식 인스타그램, http://instagram.com/busanfilmfest.

부산국제영화제 공식 트위터, https://twitter.com/busanfilmfest.

부산국제영화제 공식 페이스북, https://www.facebook.com/busanfilmfest.

부산국제영화제 공식 홈페이지, http://www.biff.kr.

"옥외광고", 두산백과, http://terms.naver.com/entry.nhn?docId=1128877&cid=40942
　　　&categoryId=31766.

짧은 시간 속 기승전결을 담은 영화 예고편의 전략

길 수 현, 황 예 린

1. 영화 예고편이란?

1) 영화 예고편의 정의

예고편이란 영화나 텔레비전 프로그램의 내용을 선전하기 위해서 그 내용의 일부를 뽑아 모은 것을 의미한다. 그 중에서 영화 예고편은 TV나 인터넷 등의 매체를 통해서 영화 정보를 축약하여 미리 전달하는 영상이다. 영화 예고편은 2~3분가량의 짧은 시간 안에 관람객에게 영화에 대해 이야기를 하며 영화를 홍보하고 각인시켜서 해당 영화를 관람하게 하는 것에 목적을 둔다.

영화 예고편은 1898년 극장 입구에서 관람객에게 영화의 중요장면을 보여준 것으로 시작되었다. 1912년에는 트레일러(Trailer)가 처음 등장했으며, 1968년 로만 폴란스키의 '악마의 씨' 라는 트레일러 이후 영화 예고편은 '끌리는 차' 에서 '견인차' 로 불릴 만큼 영화 상영에 있어 중요한 광고수단으로 자리 잡았다.[1]

---

1) 천지연, 영화예고편에서 배경음악과 내레이션이 관람의도에 미치는 영향, 홍익대 석사학위논문, 2017, 1쪽.

2) 영화 예고편의 기능과 역할

　가장 영화적인 방법으로 관람객들의 영화 관람을 유도할 수 있는 방법이 영화 예고편이다. 관람객은 영화 예고편의 배경음악, 내레이션, 자막 등의 언어, 비언어적 요소를 통해 영화에 대한 대략적인 느낌을 평가하게 된다. 또한 영화 예고편은 영화배우나 영화감독에 대한 소개를 통해 영화를 보고 싶은 욕구가 생기게끔 도와주는 역할을 하기도 한다.

　대부분의 경우 영화 예고편은 관람객의 호기심을 자극하는 것을 목적으로 한다. 또한 예고편 사이에 광고 카피나 배경음악, 내레이션을 추가하여 영화에 대한 정보를 알리려고 한다.

　최근에는 기승전결을 가지며 여러 가지 버전의 영화 예고편이 나오기 시작했다. 단순히 하나의 영화 예고편만으로 홍보를 하는 것이 아니라 순차적으로 공개되는 영화 예고편으로 영화에 대한 정보를 더욱 깊게 전달하는 것이다.

　한편, 효과적인 영화 예고편이 되기 위해서는 영화 예고편에서 영화의 장르를 명확하게 규정해 주어야 한다. 액션 영화인지, 멜로 영화인지, 공포 영화인지를 확실히 영화 예고편에 담아내 주어야 관람객들이 취향에 따라 영화를 선택할 수 있다. 이때 영화 예고편이 가지는 기능은 단순히 영화에 대한 정보를 소개하고 관람객들의 흥미를 이끌어내는 것에서 확장되어 대표적인 홍보수단으로 영화의 흥행을 좌우하는 역할도 하게 된다.

3) 영화 예고편의 다양한 구성

보편적으로 영화 예고편은 본편의 영화에서 중요하다고 생각하는 사건과 대사를 압축적인 시간에 담으면서 영화에 대한 기본적인 정보를 제공한다. 이 때 결말이나 중요한 내용은 감추고 호기심을 유발한다. 그리고 한 가지의 영화 예고편을 통해서 영화에 대한 정보를 제공하는 것이 아니라, 여러 가지 버전의 영화 예고편을 순차적으로 공개하기도 한다. 내용적인 부분에서 공통적으로 갖추는 요소들 이외에 다양한 구성의 영화 예고편이 존재한다. 다양한 영화장르가 존재하듯이 장르에 따라 각기 다른 구성의 영화 예고편을 만드는 것이다. 김건은 영화의 예고편의 형식을 기능적인 측면과 함께 제작 및 기획의도에 따라 크게 6가지로 분류하고 있다.

첫째, 내러티브형 영화 예고편이다. 영화의 전체적인 줄거리를 요약해 관람객에게 극에 대한 빠른 이해를 하게 함과 동시에 화려한 영상과 광고 문구를 삽입함으로써 상품에 대한 구매욕을 높이게 하는 방식을 취한다. 이 방식의 특징은 이야기 전달뿐만 아니라 영화감독 및 배우 그리고 비주얼적 이미지와 음향 등 영화에 관한 다양하고 많은 정보를 부각시켜 관람객에게 관람욕구를 극대화시킨다는 것이다. 주로 오락 위주의 영화에 많이 사용된다.

둘째, 연출 영화 예고편이다. 영화의 원래 스토리와 이야기 구성을 다르게 전개하는 방식으로, 스토리를 상징적 혹은 은유적 형태로 재구성하여 관람객에게 호기심을 유발한다. 경우에 따라서 패러디적 구성도 함께 사용하는 이 유형은 실질적으로 활용되는 본 영화 예고편보다는 티저 예고편 형식에 주로 많이 사용된다.

셋째, 애니메이션 영화 예고편이다. 실사 영화의 예고편이 애니메이션으로 다시 제작되는 방식인데, 부분적으로 2D, 혹은 합성의 3D 애니메이션 오브젝트를 사용하거나 아니면 실사에 2D 드로잉 효과를 적용한 로토스코핑(Rotoscoping)애니메이션이 주로 사용된다.

넷째, 뮤직비디오 영화 예고편이다. 뮤직비디오와 예고편이 결합된 방식으로 영화의 사운드 작업이 완성되기 전, 영화에 삽입될 음악과 함께 재구성하여 TV용 뮤직비디오 방영을 통한 간접 홍보 방법에 주로 많이 사용된다. 이 방식 또한 본 영화 예고편을 위한 용도로 사용되기보다는 주로 티저 예고편 형식에 많이 활용된다.

다섯째, 패러디 영화 예고편이다. 대중적으로 이미 알려진 콘텐츠를 재구성하여 영화 홍보의 주요 요소들 즉 장르, 스타, 스토리 등을 관람객들에게 간접적으로 알리는 방식인데 화려한 효과나 적극적인 이야기 전달보다는 기존 영화 예고편의 형식에 창의적인 광고 기획 아이디어를 첨가하여 홍보와 인지도를 극대화 하는데 그 목적이 있다.

마지막으로 온라인마케팅 영화 예고편이 있다. 펌킨형 예고편이라고도 하는 이 영화 예고편은 오늘날 미디어 컨버전스 덕택에 1인 미디어 시대가 열리면서 다양한 형태의 새로운 세대 즉, 미니 홈피, 블로그 등 1인 미디어 정착을 토대로 남의 글이나 사진을 퍼오는 일을 즐기는 펌킨족(permmunication+KIN+족) 혹은 자신의 일상을 사진이나 동영상으로 제작하는 밈프족(MIMP : Making myself In Motion Picture)등 신조어를 만들어내는 신 소비 주체의 변화에 대응하려는 새로운 영화 예고편 제작 방식이다. [2]

---

2) 김건, 국내 영화마케팅에서 영화예고편 활용에 관하여, 문학과 영상 제8권 1호, 2007, 61-83쪽.

4) 영화 예고편 분석의 목적

영화를 보는 관람객의 68%가 보고 싶은 영화를 영화 예고편을 통해 결정한다는 통계 결과가 있듯이 이제 영화 예고편은 영화 관람의 절대적인 역할을 하고 있다.[3] 관람객들이 영화에 대한 정보를 얻게 되는 경로는 매우 다양하지만 대부분은 매체를 통해서 접하게 된다. 영화관에서 보게 되는 영화 예고편과 인쇄 포스터, 그리고 손쉽게 접할 수 있는 SNS 등의 인터넷 매체들을 통해 영화를 선택하는 것이다. 영화의 작품성이 영화의 흥행에 영향을 주기도 하지만 영화 예고편은 짧은 시간에 효율적으로 영화 내용을 전달하여 관람객들의 흥미를 이끌어낸다는 점에서 영화 마케팅에 중요한 역할을 하고 있다. 따라서 매체를 통해 많은 사람들에게 노출될 수 있는 영화 예고편은 점점 더 강력한 홍보수단으로 사용되고 있다.

그러므로 이 글에서는 앞서 살펴본 영화 예고편의 기능과 역할이 관람객에게 어떠한 영향을 미치고 영화 예고편은 어떤 형식으로 구성되어 관람객들의 호응을 이끌어내는지 알아보고자 한다. 또한 영화 예고편과 본 영화를 함께 살펴봄으로써 영화 예고편의 특징과 필요성에 대해 정리할 것이다.

---

3) 양수진, 영화제에서 트레일러영상에 대한 관람태도가 영화제의 만족도와 충성도에 미치는 영향, 중앙대 석사학위논문, 2014, 13쪽.

2. 영화 예고편과 영화 분석

1) 분석 영화 소개

이 글에서 우리가 다루고자 하는 영화는 '미녀와 개자식들(2017)', '셰이프 오브 워터(2017)', 그리고 '메이헴(2017)' 이렇게 세 편이다. 이 세 편의 영화는 2017년 제22회 부산국제영화제 초청 상영작 중, 다루고 있는 내용과 장르적 성격이 각기 다른 영화들이다. 각각의 장르는 순서대로 드라마, 판타지&로맨스, 공포이다.

'미녀와 개자식들'은 튀니지 여성의 불평등한 삶 속에서도 부조리한 사회현실을 고발하는 메시지를 담고 있는 실화를 바탕으로 한 영화이다. '셰이프 오브 워터'는 가상의 세계에서 벌어지는 사건들을 통해서 진실한 사랑은 무엇인가를 전해주는 영화이다. 마지막으로 '메이헴'은 블랙코미디 형식으로 회사에서 벌어지는 일련의 사건을 통쾌하게 해결해 나가는 내용의 영화이다.

'미녀와 개자식들'을 보면 평등한 인간으로서 살아가는 사회의 부조리한 면모를 처절하게 느낄 수 있을 것이고, '셰이프 오브 워터'를 보게되면 존재하는 모든 것들의 의미를 알 수 있게 된다. 마지막으로 '메이헴'의 경우에는 회사의 딱딱한 분위기를 다소 잔인하게 풀고 있지만, 한편으로는 통쾌함을 전달 받을 수 있을 것이다.

이와 같이 본 영화에서 전달하고 있는 주제 의식과 분위기가 영화 예고편에서도 잘 드러나 있는지 본격적으로 살펴보자.

2) 영화 예고편 분석

이 글의 영화 예고편 분석은 2017년 제 22회 부산국제영화제 공식 홈페이지에 등록된 공식 영화 예고편을 기준으로 삼아 이루어진다. 또한 상기한 바와 같이 영화 예고편의 구성이 하나의 완결된 영화 예고편이 아닌 다수의 영화 예고편을 통해 영화의 여러 부분을 홍보한다는 점을 고려해 '셰이프 오브 워터'와 '메이헴'은 두 버전의 영화 예고편을 분석하고자 한다.

영화 예고편은 크게 내용과 형식으로 나누어 분석할 수 있다. 내용과 형식은 모두 기승전결의 구성을 가지고 있다. 내용적인 구성으로 보자면 사건의 과정에 대한 이야기가 영화 예고편 절반의 분량을 가져간다. 형식적인 구성으로 보면 대사와 사건들이 함께 교차되는 것을 보여줌으로써 단순히 스토리를 압축해 놓은 것이 아니라 완결된 단편으로써 몰입할 수 있다는 매력을 보여준다. 형식적인 구성으로 영화 예고편에 사용되는 요소로는 음향, 대사, 화면 구성 및 기법 등이 있다. 내용적인 면과 형식적인 면 둘 다 구성적으로 크게 세 부분으로 나눌 수 있다. 내용은 초반, 중반, 종반의 구조이며 형식은 음향, 대사 및 내레이션, 화면을 구성하는 기법이 된다.

① '미녀와 개자식들'의 영화 예고편 분석

먼저 '미녀와 개자식들'의 내용적인 면을 보면 다음과 같다. 영화 예고편의 초반에는 본 영화의 시작 부분을 넣어서 사건이 시작되기 전, 인물의 일상생활을 보여주고 있다. 사건이 일어나기 전, 여자 주인공이 클럽에서 친구들과 신나게 춤을 추는 장면으로 시작한다. 그리고 주인공이 경찰에게 강간을 당하게 되는 사건을 보여줌으로써 본격적으로 이 영화가 어떤 내용을 담을 것인지에 대해 예측하게 한다. 이후 주인공이 강간 사건에 대해 도움을 요청하러 다니지만 번번이 거절을 당하는 내용을 압축적으로 보여준다. 이를 통해 본 영화에서 이야기하고자하는 것과 분위기를 느낄 수 있게 된다. 마지막 부분에는 결말에 대해서 알려주지 않으면서도, 본 영화의 후반부 장면을 삽입해서 궁금증을 유발한다. 도움을 요청하러 다니던 주인공이 영화 속의 특정 장소에서 나가는 장면으로 영화 예고편을 마무리하면서 관람객들은 영화의 결말에 대해 궁금증을 가지게 된다.

형식적인 면에서 분석하면 실화를 다루고 부조리한 현실을 고발한다는 영화의 특성상, 갈등을 부각시켜 보여주기보다는 한 나라를 관통하는 사회구조의 부조리한 모습들을 흘러가면서 자연스럽게 받아들여 여운을 느끼게 하려는 특징이 있다. 음향에서도 클라이맥스를 격하게 느끼게 하기보다는 마지막까지 긴장감을 끌고 나가다가 마지막에 툭하고 놓으면서 여운을 느끼게 하는 장치를 사용한다. 실화를 바탕으로 한 만큼 스토리의 버라이어티한 부분을 부각시키기보다는 부조리한 면을 전달하려는 주제의식을 위해 차분히 긴장감을 끌고 가는 구성을 선택한 것이다.

특이한 점은 영화가 숫자로 화면전환을 나타내는 방식이다. 화면전환이 매끄럽지 못하고 끊기는 느낌이 들었지만, 각 장면에서 이야기하는 것이 무엇인지에 집중할 수 있게 한다.

② '셰이프 오브 워터' 영화 예고편 분석

영화 '셰이프 오브 워터' 영화 예고편 중에서 먼저 분석할 예고편은 부산국제영화제 홈페이지에 등록된 공식 예고편이다.

내용적인 면을 살펴보면 다음과 같다. 처음에는 내레이션으로 주인공을 소개하는 것으로 시작한다. 물고기 인간이 나타나기 전, 말을 하지 못하는 주인공의 평범하고 반복되는 일상을 보여준다. 중반에는 물고기 인간이 나타나는 사건이 일어나게 되면서 인물이 어떠한 사건을 겪게 되는가에 대한 변화를 본격적으로 보여준다. 평범하게 청소원으로 일하고 있던 주인공의 앞에 물고기 인간이 나타나게 되면서 물고기 인간에게 언어를 가르치고 마음을 주게 되는 것이다. 물고기 인간을 둘러싼 여러 인물들의 갈등을 보여주다가 마지막 장면에서는 후반부의 긴장을 멈추고 여운을 주는 장면으로 마무리하면서 관람객들이 결과에 대해서 예측하고 궁금하게 만든다. 이렇게 초반을 여는 내용으로 영화의 분위기를 알리고 사건이 등장하게 되는 시점이후로 인물이 겪는 방향을 보여주다가, 클라이맥스로 고조된 갈등을 보여준다. 그리고 결과를 알려주지는 않지만 결말 직전의 내용으로 맺음을 하면서 전체 영화의 내용을 느낄 수 있도록 하였다.

　형식적인 면을 살펴보면 다음과 같다. 주인공의 평범한 일상을 보여주면서 긴장감이 느껴지지 않는 음향을 사용했고 흘러나오는 3인칭 시점의 내레이션을 통해서 주인공이 말을 하지 못하는 인물임을 알려준다. 이렇게 초반에는 형식적으로 '설명하기'의 방식을 사용해서 인물과 배경에 대해서 알 수 있도록 정보를 제공한다. 사건이 시작되면 비밀을 암시하는 음향과 대사를 활용하여 궁금증을 유발한다. 내용이 고조되면서 화면을 빠르게 구성하는 기법을 사용해서 클라이맥스를 느끼게 한다. 초반과 후반에 주인공과 사건을 추측하게 하는 내레이션이 깔리는 수미상관의 구조를 이루면서 완벽하게 기승전결을 가지는 영화 예고편의 구성을 보여준다.

'셰이프 오브 워터'의 두 번째 영화 예고편의 내용 및 형식적인 것을 살펴보면 다음과 같다. 인물의 일상을 설명하는 단계는 첫 번째 공개된 영화 예고편에서 보여주었기 때문에 두 번째 영화 예고편에는 일상을 보여주며 설명하는 부분을 삭제하였다. 그리고 비밀을 암시하는 대사와 사건을 추가적으로 삽입해서 더욱 영화에 대한 궁금증을 확대시켰다. 첫 번째 영화 예고편에서 인물들의 갈등 구조만 보여줬다면, 두 번째 영화 예고편에서는 물고기 인간을 둘러싼 갈등의 원인과 배경을 더욱 세밀하게 설명해주면서 영화에 대한 이해를 돕는다. 그리고 두 번째 영화 예고편 마지막에는 클라이맥스를 느끼면서 마무리한다. 이렇게 두 번째 영화 예고편은 인물의 설명을 뺀 두 가지의 구조를 가진다고 할 수 있다.

첫 번째 영화 예고편과 두 번째 영화 예고편은 모두 본 영화에서 사건이 일어나는 일련의 사건들 중 일부를 삽입하였다. 물고기 인간에 대한 사건이 벌어지고 주인공에게 적대자가 추궁을 하는 장면을 삽입하여 도대체 어떤 사건이 벌어졌으며, 주인공과 왜 그러한 대화를 나눌까 하는 궁금증을 유발해 끝까지 영화 예고편을 시청하게 하려는 의도를 포함한다. 존재 자체로 누군가를 사랑한다는 것과 존재의 소중함에 대하여 그리고 있는 영화 속 구성이 눈에 띈다. 물고기 인간으로 인해 평범했던 일상에 사랑이라는 감정을 느끼게 되면서 변화를 겪게 되는 주인공과 너무나도 다른 개성을 가진 주변 인물들의 조합이 조화롭게 구성되었고 적절하게 들어간 위트는 관람객들로 하여금 여러 각도로 영화를 바라보게 할수 있다. 특히 영화에 등장하는 음악이 사랑이라는 감정을 느끼기에 적합하다고 할 수 있다.

③ '메이헴' 영화 예고편 분석

'메이헴'의 영화 예고편 시리즈를 분석한 결과는 다음과 같다. 첫 번째 영화 예고편의 내용적인 면을 보면 초반부터 바이러스에 감염된 인물의 내용을 담고 있다. 그리고 바이러스가 퍼지기 시작하면서 일어나는 과정을 중반부터 담고 있다. 후반부에서는 다소 폭력적이고 엽기적이지만 통쾌하게 사건을 해결해 나가는 인물들의 모습을 보여주면서 내용을 고조시킨다.

'미녀와 개자식들'과 '셰이프 오브 워터'와 내용적으로 다른 부분은 갈등의 부분으로 끝맺음을 보여준다는 것이다. 앞의 두 편은 갈등이 고조된 내용을 보여주다가 마지막 장면에서 긴장이 풀린 장면이 나왔다면, '메이헴'은 주인공이 반대세력과 대결을 하는 모습으로 끝맺음을 냈다.

형식적인 면에서는 플롯의 재구성이 나타난다. '미녀와 개자식들', '셰이프 오브 워터'와는 달리 '메이헴'은 초반부터 클라이맥스 부분을 짧게 연속적으로 보여주면서 관람객들의 시선을 집중을 시키고, 클라이맥스를 초반에 보여준 다음에 중반부에는 '바이러스 현상이 나타나기 9시간 전'이라는 내용을 보여주면서 과거와 현재가 뒤바뀌어 진행되는 시간의 역행구조를 가진다.

이와 같은 구조는 다른 요소들을 통해 더욱 강화된다. 초반에는 고조된 음향과 대사로 시작하다가 긴장감을 다소 해소시키는 음향효과가 들어가면서 이야기의 과정에 주목하게 하고자 했다. 바이러스가 퍼지는 상황과 주인공이 회사에서 해고를 당하는 내용에 집중해, 본 영화가 어떠한 내용을 담으려고 하는지 강조한다. 이렇게 과정을 보여주다가 음향효과가 초반과 같이 격하게 바뀌면서 본 영화에서 다루는 격한 갈등을 클라이맥스 부분으로 보여준다. 바이러스가 급속도로 퍼져서 사람들이 모두 폭력적으로 변하게 된 상황과 주인공과 반대세력의 갈등을 그리는 것으로 관람객들의 몰입을 유도한다. 마지막까지 호흡을 빨리하면서 사건과 갈등에 더욱 빠져들도록 만든다.

두 번째 영화 예고편은 주인공에 대한 기본적인 정보는 따로 보여줄 필요가 없기 때문에 갈등 부분부터 시작된다. 그러면서 사건이 일어나는 과정 및 사건에 세밀한 과정에 대한 부가적인 정보를 제공한다. 이와 같이 '메이헴'의 예고편은 게임형식처럼 주인공들이 레벨을 올리듯이 구성되어 있다.

이와 같이 세 편의 영화의 영화 예고편을 정리하면 아래 〈표1〉과 같다. 내용적으로는 인물의 인상을 설명하고, 사건이 벌어지는 과정, 고조된 갈등으로 순서대로 보여주며 형식적으로는 클라이맥스 구조를 느낄 수 있게 구성한다. 두 번째 영화 예고편의 경우에는 첫 번째 영화 예고편과는 다르게 인물의 설명을 뺀 사건이 벌어지는 과정 고조된 갈등이 순서대로 나타나지만, 형식적인 면에서는 마지막에 호흡을 빨리한다는 특성이 나타난다.

〈표1〉 세 영화 예고편 분석

분류	영화제목 구성	'미녀와 개자식들'	'셰이프 오브 워터'	'메이헴'
내용	초반	강간 사건이 발생하기 몇 시간 전의 즐거운 파티	버전1: 물고기 인간을 만나기 전 주인공의 반복되는 일상	버전1: 주인공의 격한 태도
			버전2: 물고기 인간과 관계를 맺은 주인공 및 주변 인물과의 갈등	버전2: 바이러스가 퍼지기 시작

내용	중반	강간 사건 발생 및 도움을 요청하러 다니는 주인공	버전1,2: 물고기 인간을 만나는 사건 및 물고기 인간과 관계를 맺는 주인공, 사건과 물고기 인간에 대한 세밀한 정보제공	버전1,2: 주인공이 해고를 바이러스 현상을 겪게 되면서 일어나는 과정
	후반	위기에 처한 주인공 및 긴장의 해소로 마무리	버전1,2: 주인공과 물고기 인간의 위기 및 인물과의 격한 갈등	버전1,2: 주인공이 바이러스와 상사들에 맞서는 격한 행동들
형식	음향	배경음악의 변화는 없으나 점점 고조되는 형태로 긴장감을 끝까지 끌고 나감, 초반부터 긴장감이 느껴지는 음악 사용	버전1,2: 평온, 비밀스러운, 고조되는 음향이 순차적으로 구조를 이룸	버전1,2: 고조, 흥미진진, 고조, 흥미진진한 음악이 순차적으로 구조를 이룸
	내레이션 및 대사	인물이 극중에서 강간을 당했다는 것을 말하지 않고 도움을 요청하는 대사를 삽입했음. 부정적인 상황에 처한 것을 알 수 있게 하는 내용의 말들 삽입, 점점 갈등이 고조되는 대사	물고기 인간을 둘러싼 비밀스러운 대사를 삽입, 점점 갈등이 고조되는 대사	바이러스로 인해 벌어진 현상들에 대한 대사 삽입, 점점 갈등이 고조되는 대사
	화면구성	초반의 진행되는 즐거운 파티 장면에 주인공의 불안한 대사를 넣어서 곧 사건이 발생할 것이라는 것을 암시, 고조된 음향에 맞게 주인공의 위기상황을 넣어서 몰입시킴	음향과 리듬이 맞도록 박자에 맞춰 구성 및 후반부에 화면전환이 빨라짐	음향과 리듬이 맞도록 박자에 맞춰 구성 및 후반부에 화면전환이 빨라짐

3. 분석결과 및 제언

1) 분석결과

영화 예고편 속 정보를 제공하는 내용적인 면을 보면, 첫째, 핵심 정보를 알려주지 않는다. 그러나 어느 정도 내용 파악은 가능하도록 내용을 보여주어 영화의 관람 여부를 돕는다.

둘째, 기승전결을 담고 있다. 영화 예고편은 짧지만 영화의 전체 구조를 다 설명하고 있다. 초반에는 영화에 등장하는 인물 및 배경에 대한 설명을, 중반에는 사건이 등장하면서 갈등을 겪게 되는 등장인물들의 모습, 후반에는 고조된 갈등으로 마무리하면서 기승전결을 구성한다.

셋째, 궁금증을 유발하는 요소를 삽입한다. '미녀와 개자식들'에서는 주인공은 왜 피해를 입었고 도움을 주는 주변 인물은 누구인가, '셰이프 오브 워터'에서는 물고기 인간은 어디에서 온 것인가, '메이헴'에서는 바이러스에 감염된 주인공이 어떻게 될 것인가에 대한 것들에 대해 궁금증을 갖게 한다. 그렇게 관람객들이 본 영화를 통해 해소하게 하고자 한다.

넷째, 결말에 대해서 궁금하게 만든다. 주인공이 겪은 사건들을 전달하고 마지막에 고조시키면서 결국 그 인물이 어떠한 결과를 맞이하게 될 것인가에 주목하게 만든다.

영화 예고편 속 정보를 제공하는 형식적인 면을 보면, 첫째, 장면전환의 호흡이 빨라진다. 영화 예고편의 클라이맥스 부분에 화면 전환 방식을 빠르게 하면서 몰입을 돕는다.

둘째, 음향을 활용한다. 영화 예고편은 짧은 시간에 몰입을 시켜야하는 목표를 달성하기 위해서 극적인 음악을 주로 사용해 영화 예고편 안으로 빠져들게 한다.

셋째, 궁금증을 유발하는 요소로 대사나 행동을 통해서 비밀을 감추고 있다는 것을 드러낸다. 앞선 세 영화로 예를 들면 "아무도 모르는 것 같아.", "앞으로 어떻게 되는 걸까." 등의 대사 및 내레이션을 통해서 비밀을 감추고 그것을 본 영화를 관람하는 것으로 관람객들로 하여금 풀게 한다.

결론적으로 기승전결을 담은 짧은 시간의 영화 예고편에서는, 점점 고조시키는 구조양상으로 관람객을 몰입시켜 영화의 결말에 대해 궁금증을 가지고 본 영화를 관람하게 만든다. 동시에 영화 예고편은 장르가 다른 영화들이 같은 기승전결이라는 구조를 가지면서도 그 구조를 어떤 식으로 활용하여 장르의 특성상 풍기고 있는 분위기를 전달하는가는 방식이 각각 다르다는 것을 확인할 수 있다.

지금까지 영화 예고편을 분석하면서 영화 예고편이 가지는 특징을 알아보았다. 먼저, 영화 예고편은 기승전결을 다 지니고 있어서 영화의 전반적인 분위기를 느낄 수 있다. 이 때 기승전결은 내용을 전부 다 드러내주는 기승전결이 아닌 형식상의 기승전결을 의미한다. 즉, 짧은 영화 예고편을 보더라도 영화가 어떤 이야기인지 알 수 있다.

본 영화와는 다른 영화 예고편만의 매력은 짧은 시간 동안 압축적으로 빠져들게 되면서 지루함을 느낄 틈이 없다. 영화 예고편 역시 본 영화만큼이나 흥미롭게 관람객들이 볼 수 있는 하나의 작품의 형태를 갖추고 있다. 이는 영화 예고편을 얼마나 흡입력 있게 만드느냐에 따라 흥행에 영향을 준다는 점과 연관성이 있다.

관람객들은 영화를 선택할 때 다양한 매체들 중, 영화 예고편에 많이 의존하게 된다. 이 때문에 앞으로의 영화 예고편의 필요성은 계속해서 강조 될 것이라 생각한다.

2) 영화 '소공녀' 예고편 제언

상기한 분석을 바탕으로 2017년 12월 현재 아직 영화 예고편이 공개되지 않은 영화 '소공녀(Microhabitat, 전고운, 2017)'의 영화 예고편을 제언하고자 한다.

'소공녀'의 내용은 다음과 같다. 담배, 위스키, 남자친구만 있으면 행복하다는 주인공 미소는 가사도우미 일을 하며 하루를 벌어 하루를 산다. 그리고 담배 값과 집세가 오르자 행복을 위해 집을 포기한다. 집이 없어진 미소는 행복했던 대학생 시절을 떠올리며 친구들의 집을 찾아 나선다. 오랜만에 친구들을 만나고 친구들의 집에 머물면서 미소에게 벌어지는 일들을 보여준다.

영화 예고편에서는 전체적으로 몽환적인 음악을 사용하여 영화 속 이야기의 밝음과 어두움을 교차적으로 적나라하게 보여준다. 초반에는 영화에서 주인공의 과거 행복했던 장면으로 시작한다. 그리고 현재의 환경을 보여주며 사건의 시작을 알린다.

사건이 일어나면서 영화에서 특징적인 주인공이 친구들의 집을 방문하는 장면을 연속적으로 보여준다. 하룻밤을 거절당하는 장면, 행복한 듯 했으나 불행하게 바뀐 선배 시부모와의 만남, 방에서 나오지 않는 남자후배와 담배를 피며 이야기 나누는 장면, 부유하게 살고 있는 선배가 집에 흔쾌히 들어와 살라고 했다가 둘이 식탁에서 싸워서 나오는 장면까지.

이러한 주요 사건들을 짧게 보여주다가 하이라이트 장면에는 충격을 줄 수 있는 내용으로 관람객들의 관심을 끌도록 한다.

중간에는 영화에서 주인공이 느끼는 중요한 감정을 잘 드러낼 수 있는, "나는 너희가 불편하지 않았으니까."와 같은 주인공의 대사를 삽입한다.

후반에는 장례식장에서 주인공의 친구들이 모여 주인공에 대한 이야기를 나눈다. 마지막 장면으로 주인공이 터덜터덜 걸어가는 장면과 함께 "너는 왜 이렇게 살았어?" "나는 지금 이대로가 좋아, 나는 담배, 위스키 그리고 너만 있으면 돼. 지금도 충분히 행복해." 등의 대사를 통해 주인공에게 무슨 일이 일어난 것인지 궁금하게끔 유도한다. 또한 친구들의 집에서 주인공이 밥 차리는 장면들을 동시에 반복 삽입하여 '왜 자꾸 다른 집에서 밥을 차리지?' 라는 궁금증을 갖게끔 한다.

이를 기승전결로 정리하면 다음과 같다.

기: 주인공의 일상, 옛날 대학생 시절 밴드부 활동을 하던 행복한 모습
승: 사건 시작, 친구들의 집 돌아다님, 각각 다른 친구들의 삶
전: 행복한 집안 모습, 감금당한 주인공
결: 모여서 주인공에 대해 이야기하는 친구들, 백발의 주인공 뒷모습

이렇게 기획한 영화 예고편은 본 영화를 봐야만 영화 내용에 대한 완벽한 이해가 가능하다. 영화 예고편을 본 뒤 영화를 보게 되면 영화 예고편의 내용과 본 영화가 마치 퍼즐 조각처럼 맞춰지고 관람객들은 그 점에서 궁금증을 해결하게 되는 것이다.

4. 마무리

　지금까지 2017년 부산국제영화제 초청작 중 세 편의 영화 '미녀와 개자식들(2017)', '셰이프 오브 워터(2017)', 그리고 '메이헴(2017)'을 중심으로 각각의 영화 예고편의 내용적, 형식적인 부분을 중심으로 영화 예고편이 지니는 특징을 살펴보았다.

　'미녀와 개자식들'은 부조리한 실화를 전달하는 것이 중심이기 때문에 버라이어티한 모습을 연속적으로 보여주기보다 부조리한 모습을 이어서 보여준다. '셰이프 오브 워터'는 판타지 장르로 사랑과 존재의 소중함을 전달하기 위해 대립구조의 모습을 버라이어티하게 보여주면서 주제를 전달하고 있다. '메이헴'의 경우, 잔인하지만 코믹하고 통쾌하게 회사의 권력구조를 깨부수는 내용을 담고 있기 때문에 블랙코미디적인 요소를 사용해 위트 있는 장면도 영화 예고편 안에 삽입해 영화가 추구하고자 하는 분위기를 전달한다.

　영화 예고편을 통해서는 영화에 대한 충분한 정보를 제공받는 데에는 한계가 있다. 그렇기 때문에 궁금증을 풀어나가기 위해 영화 예고편과 본 영화는 둘 다 기승전결의 구조를 가진다. 영화 예고편은 하나의 기승전결만을 가지고 영화를 압축적으로 설명하지만, 영화는 긴 시간 동안 여러 사건들을 통해서 기승전결을 구성하며 영화의 주제의식을 더욱 깊게 드러낸다. 때문에 관람객들은 영화 예고편을 통해서 해소하지 못한 영화의 깊숙한 부분을 본 영화를 통해서 해결하게 된다. 이를 통해 영화 예고편이 단순히 영화를 홍보하는 수단이 아닌 관람객들과 소통하는 텍스트로 작용하고 있고 그 매력과 효과가 생각했던 것보다 훨씬 크다는 것을 알 수 있었다.

최근에는 단순히 흥행만을 위한 영화 예고편을 제작하는 경우를 볼 수 있다. 실제로 영화 예고편을 보고 높은 기대를 안고 영화를 관람했다가 적지 않은 실망을 했다는 리뷰를 심심찮게 찾아 볼 수 있다. 이는 영화 예고편이 예고편으로써의 역할을 충실히 이행하지 않았음을 보여줌을 나타낸다.

　영화 예고편은 내용을 점점 고조시키는 기승전결의 구조양상으로 관람객들을 몰입시켜야 한다. 또한 영화의 결말에 대해 궁금증을 가지게끔 만들어져야 한다. 영화 예고편은 너무 방대한 요소를 넣으려고 하거나 단순히 흥행만을 위한 편집은 지양하고, 본 영화를 보기 전, 영화의 분위기와 중요한 사건의 궁금증을 느낄 수 있는 점들을 적절하게 배치한다면 본 영화의 관람객들이 소통하는 장으로 자리매김할 수 있을 것이다.

참고문헌

김건, 국내 영화마케팅에서 영화예고편 활용에 관하여, 문학과 영상 제8권 1호, 2007.

양수진, 영화제에서 트레일러영상에 대한 관람태도가 영화제의 만족도와 충성도에 미치는 영향, 중앙대 석사학위논문, 2014.

천지연, 영화예고편에서 배경음악과 내레이션이 관람의도에 미치는 영향, 홍익대 석사학위논문, 2017.

저자 소개

이 지 양 가톨릭대학교 국어국문학전공 교수
논저 | 『국어의 융합현상』, 『인문콘텐츠와 대중매체』, "TV 방송 자막의 기능과 우리말"
외 다수

윤 신 원 가톨릭대학교 국어국문학과 및 동대학원 문학박사 (응용텍스트학 전공)
논저 | "전자책의 시대, 읽기는 어떻게 변화하는가", "대중매체 언어와 교육적 활용 방안
연구" 외 다수.

김 택 상 가톨릭대학교 미디어기술콘텐츠학과 · 글로컬문화스토리텔링 전공

권 단 비 가톨릭대학교 미디어기술콘텐츠학과 · 스토리텔링 전공

이 하 연 가톨릭대학교 국어국문학 · 아동학 전공

박 휘 원 가톨릭대학교 미디어기술콘텐츠학과 · 글로컬문화스토리텔링 전공

강 종 모 가톨릭대학교 문화콘텐츠 · 글로컬문화스토리텔링 전공

이 동 욱 가톨릭대학교 문화콘텐츠 · 스토리텔링 전공

장 연 아 가톨릭대학교 국어국문학 · 심리학 전공

박 준 민 가톨릭대학교 미디어기술콘텐츠학과 · 스토리텔링 전공

정 현 정 가톨릭대학교 국어국문학 · 경제학 전공

황 예 린 가톨릭대학교 국어국문학 전공

길 수 현 가톨릭대학교 국어국문학 · 글로컬문화스토리텔링 전공
논저 | "운빨 예능 레이스–경기도 부천시를 중심으로 지역을 활용한 예능 프로그램 기획"